EN COMPAÑÍA DEL AMOR

DE LOS AMORES

Jane Ariza Torres

ISBN: 9781699923306
Independently published

¿Por qué me gusta tanto visitarte? ¿Por qué prefiero estar contigo que con el mundo? Porque estás solo, Señor, solo en todos los sagrarios del mundo anhelando nuestra presencia; porque después de estar contigo nada me falta; porque de Tí recibo todo aquello que llena el alma; porque sin Tí nada soy, nada puedo; porque al igual que el sol que quema el rostro si te expones mucho tiempo a él, Tú quemas mi alma con el fuego eterno de tu amor y entonces puedo sentir el pedacito de cielo que guardas para mí.

DEDICACION

Este libro está dedicado a mi mamá quien me ha dado lo mejor de su vida y quien espera con gran ansiedad leer estas páginas, y a mi mamá celestial, quien me ha sostenido en esta aventura de estar lejos de mi país, mi familia, mis amigos y quien me ha enseñado a conocer a Jesús.

CONTENIDO

PRÓLOGO 1

TUS OJOS, DULCE MADRE 10

HAZME ESCLAVA DE TU AMOR 12

VISTE MI NADA, SEÑOR 18

ESTAS DENTRO DE MI 22

TODA TUYA SEÑOR 25

ME AMAS SEÑOR 28

QUIERO AMARTE POR AQUELLOS QUE NO TE AMAN . 31

TU SEÑOR ERES MI ALEGRIA 37

LEYENDO A SAN FRANCISCO DE SALES 42

MENDIGO DE AMOR EL REY DE REYES 48

NOS HICISTE LIBRES 51

TU SEÑOR TRANSFORMAS NUESTRO DOLOR ... 55

DAR LA VIDA 64

DAME TU DOLOR, SEÑOR 69

NADA ME PERTENECE, TODO ES TUYO 72

LA FE 97

SAN JOSÉ 109

MADRE MIA, DIOS TE ELEVA AL CIELO 117

EL PRIMER VIACRUCIS NOS LO DIO MARIA 128

EL ÁNGEL DE LA GUARDA 133

Orar por LAS ALMAS DEL PURGATORIO. 137

ROSAS PARA MARIA 145

Le invito estimado lector, que lea estas páginas con la seguridad de que, así como El Señor se ha valido de mí, puede también valerse de usted para llegar a más almas que mueren de sed de Dios. Despoje su mente de todos aquellos prejuicios y dudas que tienen aprisionado su corazón, y que aun no le han permitido descubrir cuán amada y cuán valiosa es su alma a los ojos del Señor.

La autora.

PRÓLOGO

Las páginas que a continuación presento fueron escritas en su gran mayoría ante la presencia de Jesús sacramentado. Siempre había deseado escribir un libro y la oportunidad de hacerlo en este momento de mi vida, ha sido un regalo más del Señor que ha mirado con misericordia a esta alma pequeña e insignificante.

Fueron muchos días en que El Señor me ha ido enseñando la manera como Él desea que le adore. Al principio me costaba mucho quedarme quince minutos ante su presencia tratando de acallar el bullicio de mi alma atribulada. Con el pasar de los días esos quince minutos se convirtieron en cuarenta, cincuenta minutos hasta que ya no concibo pasar menos de una hora y media ante Él.

El Señor me fue revelando lo que quería de mi en estas visitas; empecé orando, presentándole todas mis necesidades y las de mis seres queridos, después tatareaba canciones e incluso leí libros como la imitación de Cristo y la pasión de Nuestro Señor Jesucristo, cuando los terminé, empecé a hacer las horas de la pasión, y ya al final, El Señor me dijo que quería que le escribiera. Él que sabe todo de mí, quería que le prestara mis manos para que escribiera el libro que leerán a continuación.

No entendía yo, aun el motivo por el cual El Señor deseaba que le escribiera, sin embargo, me lancé a esa tarea y me sumergí en el silencio de mi corazón y en el eterno presente del Padre. Lo que leerá usted, estimado lector, no es más que el corazón abierto y desnudo de una pequeña alma sedienta del amor de Dios. Dudé mucho de si debería o no publicar estos escritos, pues aunque siempre he deseado escribir un libro, no quería exponer la intimidad de mi alma en mi encuentro semanal con El Señor. Así que una vez más le pregunté a Él lo que debía hacer y no tardó en darme la respuesta, que interpreté de la siguiente manera:

"Te he dado dones para que los entregues a tus hermanos. Allá afuera hay muchas almas que mueren sin conocer el amor de quien les dio la vida, están ebrios de placeres, comodidades y sin embargo tienen el corazón vacío. Muchas de estas almas necesitan alguien que les hable de mí, muchas de ellas necesitan saber que aun en medio de su pequeñez les amo inmensamente. Escribe lo que tu corazón te dice, no eres tú, soy yo quien lo hace a través de ti, pues sin mí nada puedes hacer" así que obedecí y en este libro encontrarán temas específicos, pues El Señor ha querido que hable de ellos a partir de mi experiencia en este largo y arduo pero maravilloso camino de conversión que me fue regalado hace 9 años.

Si un alma, así sea solamente una, decide abrir su corazón a Jesús después de leer estas páginas, esta humilde tarea encargada a esta insignificante alma glorificará al Señor y habrá fiesta en el cielo porque el valor de una sola alma es incalculable, pues ha sido comprada con la sangre de Nuestro Señor.

MI JESUS EN UN PEDACITO DE PAN

Estás dentro de mí y es maravilloso, no sé cómo viví tanto tiempo sin Tu presencia en mi vida. ¿Dónde estabas todo ese tiempo en que me sentía tan sola? ¿Sábes? Siempre me hice esa pregunta y ahora tengo la respuesta. Tú, mi Señor estabas en el silencio de mis pruebas, ahí, junto a mí, sosteniendo mi mano y preparando mi corazón, ese corazón terco y desobediente que tantas, pero tantas veces me decía que mi vida era vana y vacía.

Que maravillosa sensación saber que ahora estás dentro de mí, de repente cierro los ojos y ahí está tu corazón latiendo dentro de mí, ya no soy solamente yo, eres Tú dentro de mí. Quisiste entrar a mi corazón aun cuando no soy ni nunca seré digna de recibirte, de que bajes del cielo y te quedes en el corazón de esta pequeña hija que tanto amas.

¡Me amas! Sí Señor, amas mi ser más de lo que yo, en mi limitado entendimiento, puedo comprender. Amas a esta hija pequeña e insignificante quien después de tanto tiempo ha decidido volver a casa, volver a Tí; y me amas no porque haya algo dentro de mí que merezca tu amor, no, me amas porque sí, porque en tu infinita bondad has decidido amarme gratuitamente, a pesar de que yo te falle una y otra vez.

En mi pequeñez y mi nada, eres Tú quien me da valor; son tus ojos quienes me ven valiosa, hermosa; son tus manos las que moldean mi vida, algo así como una humilde vela. Tú eres la luz que en la vela la hace ser útil, Tú eres el calor del fuego que en la vela abriga a quienes están a su lado. Tu luz, Señor, hace que a pesar de mi pequeñez y mi nada, pueda iluminar a los demás; tu luz abriga las palabras en mi boca cuando hablo de Tí. Tu luz Señor, como a la vela, moldea mi vida, mis acciones. Sin luz una vela pierde el propósito para el cual fue creada, sin Tí, Señor, no soy nada, sin Tí no puedo nada, sin Tí al igual que una vela, pierdo mi valor, lo pierdo todo.

Pero ¿por qué mi Señor es que me amas tanto? ¿Por qué es que nunca te das por vencido conmigo? ¿Por qué eres tan paciente con ésta, la más pequeña de tus hijas? Nunca podré entenderlo, por lo tanto, por el momento voy a dejar de cuestionarte y me voy a dejar amar por Tí. Cierro mis ojos y siento que una sensación de calor y frío a la vez, recorre mi cuerpo a medida que tu santo cuerpo se deshace en mi boca. Estoy en silencio, todo a mi alrededor desaparece y entonces me uno a Tí, en maravillosa complicidad.

Qué momento tan maravilloso Señor, siento como si me tomaras en tus brazos y que por un instante tan breve como un respiro, me llevaras al cielo. Entonces no quiero nada, ya no me falta nada porque estoy contigo, en la casa de mi Padre, porque me tiene en su regazo y con la mirada más dulce y con la voz más tierna, me llama por mi nombre y me dice que me ama con amor infinito. Me llevas al cielo Señor, al lugar donde me esperas al final de mi vida y al que anhelo poder llegar para estar en tus brazos para siempre.

NOS AMAS CON LOCURA

Buenas noches Jesús, me gusta tener momentos a solas para escribirte. Acabo de hablar con tu santa madre, mi virgencita María, que bella es, es ella la criatura más hermosa que has creado. Cuando la tenías en mente segura estoy que toda la belleza del universo querías poner en ella, y ¡vaya que lo hiciste! anhelo tanto verla a ella, que sus ojos me miren con ese amor inmenso que sólo ella sabe dar.

Mi Señor, quiero decirte que el ir a visitarte en el sagrario, se ha vuelto mi mejor momento de la semana. Allá en ese silencio puedo estar contigo en una unión tan íntima y maravillosa que no entiendo como no lo viví antes, puedo decir como San Agustín: "tarde te amé, hermosura tan antigua y tan nueva".

Eres toda mi vida, Tú conoces mi corazón y sabes que a pesar de toda mi miseria y mi nada, en él hay una lucecita que quiere brillar y que desea salirse de mí para que los demás la vean y te vean a Tí en mí.

Mi Señor, Tú lo sabes todo, sabes por ejemplo que me duele el sufrimiento de los demás; me duelen los niños abandonados, los jóvenes perdidos, los abuelitos olvidados, los heridos de tantas guerras y desastres naturales, me duelen las almas que no quieren conocerte y aquellas que a pesar de saber de Tí, no te siguen.

He tenido que luchar mucho contra ese sentimiento de rabia hacia aquellas personas que te insultan y quienes se burlan de tus enseñanzas. ¡Tú sabes que ha sido duro! Ahora, más que rabia o indignación, lo que siento es tristeza por el destino de esas pobres almas cuando se presenten ante Tí.

Señor es tan horrible y abominable todo lo que el corazón del hombre puede albergar. Cada vez que me entero de un acto ofensivo contra Tí, pienso que ya no puede haber nada más cruel que el ser humano pueda llegar a hacer, hasta que me entero de un acto más cruel y malvado que el anterior, y entonces es cuando me duele la vida de esas pobres almas y su destino eterno.

Señor, cuesta mucho creer, me cuesta demasiado creer que Tú en tu amor infinito nos amas a todos. Amas a aquél asesino tanto como a mí, para Tí no existen diferencias porque todos somos tus hijos, lo que nos hace similares unos a otros, es que nuestros corazones, así como son capaces de amar demasiado, también son capaces de odiar al extremo. Podemos matar con una mirada, una palabra, un pensamiento y entonces, es cuando me descubro a mí misma como un ser malvado, pequeño, que lo único que lo hace especial, es tu amor hacia mí. Sin ese amor con el que me amas, sería yo Señor, simplemente nada. Es tu gracia la que me hace tener la capacidad de hacer actos buenos; es tu amor el que me hace querer amarte sin embargo Señor, me entristezco porque a pesar de saberme amada por Tí, mi corazón te falla una y otra vez, y es entonces cuando con mis miradas malvadas clavo tus adorables manos a la cruz, una y otra vez; con mis pensamientos corono de espinas tu preciosa cabeza; con mis palabras malintencionadas cubro de salivazos e insultos tu santo rostro; con mis actos clavo tus pies al madero; con mi indiferencia traspaso tu costado y te mato, sí, mi Señor, te vuelvo a matar, a crucificar, yo, esa persona que equivocadamente se creía buena; esa persona que hasta el cansancio ha prometido amarte y seguirte, yo soy esa persona malvada capaz de crucificar a Aquél que tanto la ama, a Aquél que solamente tiene amor para dar.

Y Tú, mi Señor, como un manso y humilde corderito te dejas conducir al madero donde te clavarán mis maldades. Nunca, nunca Señor me reprochas, no abres tus labios para retarme, no me miras con la reprobación que merecen mis actos, solamente me miras con amor. ¿Es que eres loco, Señor? ¿Cómo puedes amarme con tanto amor para dejarte matar una y otra vez por mi maldad? Sí, estás loco, loco de amor por mí, por esta criatura pequeña y miserable que nada merece de Ti.

Te dejas clavar en aquella cruz, aun cuando con todo tu gran poder y majestad podrías acabar con aquellos que te matamos todos los días, pero no lo haces, y la razón por la cual no acabas con nosotros es porque en tu inmensa bondad aún crees en tus hijos. No nos obligas a amarte, porque nos quieres libres, libres para por convicción propia decidamos dar amor a Aquél que es todo amor, a Aquél que se nos da por entero y sin reservas; a Aquél loco de amor que quiso convertirse en un humilde pedacito de pan para estar con nosotros todos los días hasta el fin del mundo.

¡Que loquito eres, mi amado Señor!

TUS OJOS, DULCE MADRE

¿Qué me dicen tus ojos dulce madre? Esa mirada tuya que me mira con tanto amor, dulzura, pero también con tristeza. ¿Qué te entristece madre mía? ¿Qué ensombrece la luz de tus ojos? Sé que lloras en silencio y en tus ojos se desborda toda la tristeza que tu corazón no puede contener, sin embargo, no te lamentas, todo lo guardas y meditas en tu inmaculado corazón. Guardas todo aquello que a mí me desgarraría el alma, pero a tí no, virgencita María, nada te turba, nada te doblega, ni siquiera cuando con el corazón traspasado por el dolor, entregaste la vida de tu amado hijo.

Madre mía, miro tus ojos y en ellos me pierdo e imagino que en realidad eres tú quien me mira a través de ese cuadro. Tú, tan sencilla y humilde que no necesitas de adornos o maquillaje para ser hermosa porque el Padre te llenó con todas las gracias del cielo. Tú, tan callada y noble, servicial y amorosa, cuán diferente sería el mundo si todas las mujeres siguiéramos tu ejemplo.

Veo tu rostro y la pequeña sonrisa que tímidamente se

esconde en tus labios consuela todas mis tristezas. ¿Quién soy yo madre, para atreverme a estar triste, si tú, la mujer que más ha sufrido en el mundo, a pesar de tanto dolor, me regala su sonrisa? Sí madre, tu sufrimiento es de nunca acabar porque ya no solamente sufres al revivir la muerte de tu hijo cada vez que pecamos, sino que también sufres por aquellos miles de hijos tuyos que ciegos por el pecado se encaminan a la muerte eterna.

No te entristezcas, virgencita María, sé que es muy poco lo que yo te puedo ofrecer, pero también sé que cuando te corono de rosas, tus dulces ojos se iluminan y tus labios me regalan una hermosa sonrisa, esa sonrisa que anhelo ver al final de mi vida cuando vengas a buscarme para llevarme a los brazos de tu hijo.

HAZME ESCLAVA DE TU AMOR

Heme aquí, Señor ante tu divina presencia, que bien se siente estar contigo, en este silencio. El silencio que siempre María llevó en su corazón, aun cuando no entendía tu voluntad. Cuánta falta le hace ese silencio de María a mi vida, es por eso que vine a visitarte. Cuando llegué estabas solito, puedo imaginar la sonrisa en tu rostro cuando me viste entrar. Sí, ya sabías que era yo, la más pequeña e insignificante de tus hijas; Tú que eres Dios y que no necesitas de mí, te alegras al verme aquí, a tus pies.

Señor cuán largo es el camino que debo recorrer para llegar al estado en que Tú quieres mi alma, cuántas luchas tendré que tener contra mí misma para despojarme de todo aquello que aborreces de mí. He iniciado este largo camino tratando de poner en mi vida tus enseñanzas, pero ¡qué difícil es, ¡oh, Señor! Qué difícil es morir a mí misma, a mi pecado, a mis debilidades, al mundo.

Nadie soy para pedirte nada, Tú en tu infinita

misericordia me lo has dado todo, más de lo que merezco, bueno en realidad no merezco nada. A veces imagino cómo sería mi vida si Tú me dieras lo que sí merezco, no hubiera podido existir ni siquiera un minuto, pues soy yo, aquella pequeña hija que a cada momento te ofende y escupe en tu rostro con cada acción contra Tí, no soy digna y nunca lo seré, de que me ames con ese gran amor con el que me amas.

Heme aquí Señor ante tu divina presencia, te pido que tomes mis manos y las dirijas como Tú quieras, llévame donde aquellos que no te conocen, conviérteme en tu instrumento, no importa lo que tenga que hacer, Tú estarás conmigo siempre y serás tú Señor, quien actúe a través de mí, soy barro en tus manos, moldéame de la manera que quieras. En el dolor, en la alegría, en la duda, en la angustia, se Tú quien habite en mi corazón para glorificarte en cada momento. Sé que no entenderé muchas cosas y sé que mientras esté aquí en este mundo, el enemigo de las almas hará todo lo posible por arrebatarme de tu corazón.

Son tiempos de guerra Señor, y sé que debo entregarme a Tí por completo si quiero vencer, dame tu gracia para agradarte siempre con mi vida, con mis manos, con todo mi ser; hazme fuerte para que todo el mal que llena el mundo y que hace mucho ruido no me entristezca y me haga pensar que ya todo está perdido. Tú eres mi Dios y pagaste un precio muy grande por mí, no permitas Señor que el indecible dolor que padeciste en tu cuerpo santísimo, las humillaciones y vejaciones que atravesaron tu alma, que tu preciosa sangre derramada en el madero sea en vano, no en mí Señor, no en mí.

Te abro mi corazón y te ofrezco mi deseo de ser buena y de glorificarte siempre. Quiero ser santa, imagínate, yo, ¡tu pequeña e insignificante hija quiere ser santa! No desprecies mis deseos mi Señor, que si bien son muy muy grandes, son sinceros; no quiero ser yo un motivo más para que tus llagas se vuelvan a abrir; no quiero que tu cabeza sea coronada de espinas por causa mía; no quiero que tus manos y pies sean atravesados con los clavos de mi indiferencia ante el dolor del hermano; no quiero que por causa mía sufras más dolor, ¡no quiero! Sin tu gracia nada puedo, nada soy, mírame con misericordia, cierra tus ojos a mis caídas, mira solamente lo poco de bueno que tiene tu hija, y por esas cosas buenas escúchame y haz de mí un instrumento, tu esclava, así como la virgen María se hizo esclava de tu amor.

TAMBIEN YO FUI TU VERDUGO

Me miras Señor Jesús y en tus ojos descubro para mi sorpresa que aun en mi pequeñez y mi miseria soy buena ante tu mirada. ¿Buena yo, Señor? Cuando pienso en esto, me doy cuenta de que solamente por tu gracia es que mi vida tiene sentido. ¿Sábes Señor? Cuando miro a los ojos la imagen de la dulce madre que tengo en mi cuarto, esa a la que miro todos los días durante el santo rosario, descubro que en su mirada, se contiene todo el amor del mundo, sí Señor, Tú depositaste todo el amor en ella, en su inmaculado corazón.

A veces cuando concentro la mirada fija en esos ojos tan tristes pero a la vez tan hermosos, por un momento me parece que en realidad es ella quien me mira. A primera vista, su mirada es solamente de tristeza, pero cuando miro detenidamente sus ojos, puedo entonces percibir tantas expresiones diferentes. Expresiones de amor, dolor, compasión, ternura, alegría, todo en los mismos ojos. Es entonces cuando una sonrisa se dibuja en mis labios porque siento que ella me ama por medio de esa mirada, me ama sin importar lo que soy, lo que he hecho y sin tener en cuenta todas las heridas que con mi pecado he causado a tu corazón, Señor. Al amanecer, su mirada es lo primero que ven mis ojos, y al anochecer entre la penumbra, sus ojos me siguen mirando, me buscan, me llaman, me hablan y me invitan a amarla a ella por medio del amor a Tí, Jesús.

Sé que cuando miro ese rostro pálido pero hermoso, triste pero sereno, suplicante pero misericordioso, te veo a Tí, Jesús. Sí, a Ti, porque ella, la más hermosa de tus criaturas, la más humilde y noble de tus esclavas, tuvo en su vientre a Aquél a quien los cielos no pueden contener, por lo tanto, sus ojos, son tus ojos, su amor hacia mí es la forma como Tú me amas.

Señor yo sé que no soy nadie, que sin Tí nada tiene sentido, por ello recurro a tu santa madre. Ella traspasada por el dolor de ver a su amado hijo sufrir y morir en la cruz, aceptó con amor tu última voluntad antes de ir al Padre: la de ser la madre de todos nosotros. Viste en toda la humanidad perversa que te crucificaba y en todos aquellos que también lo seguirían haciendo, la necesidad de regalarnos tu madre, no te quedaste con nada, nos diste todo de Tí, todo nos lo diste sin condiciones, sin merecerlo.

Allí, en el calvario, cuando pusieron tu cuerpo inerte ya, en los brazos de María, y cuando ella acarició tu rostro con la misma ternura con que lo hiciera treinta y tres años atrás cuando eras su pequeñito, es cuando me avergüenzo de mi misma, de los momentos en los que sólo tuve indiferencia para Tí, cuando con mis propias manos yo tomé esos clavos y te crucifiqué con mis pecados, cuántas veces, mi Señor y sin embargo solo tienes amor para mí, igual que tu santa madre, ¡cuánto amor!

Quiero que me permitas acompañarte en el calvario, así como la virgen María, quiero reparar con mi pobre compañía todas las veces en que yo tomé el lugar de tus verdugos, quiero al igual que la virgen María tomar tu cuerpo inerte en mis brazos y con mis lágrimas lavar tu rostro ensangrentado, quiero Señor si es necesario morir contigo, porque si me separo de tí, ya no quiero la vida, ya no quiero nada, sólo morir a mí para vivir por Tí, siempre hasta el último momento de mi existencia.

VISTE MI NADA, SEÑOR

¿Sábes Señor? El descubrirme pequeña y pecadora me ha abierto los ojos porque entonces he podido ver la pequeñez en los demás, he también con sorpresa pensado que tenemos en nuestras manos la posibilidad de ser santos o de ser despreciables ante tus ojos.

Yo no robo, no mato, soy buena gente, todas estas excusas estaban dentro de mí y llenaban mi boca con orgullo y vanidad. Sé que muchos hermanos piensan lo mismo de sí. Una vez leí a una escritora que hablaba acerca de la maldad en los campos de concentración Nazi; decía ella, que se había convencido que todos nosotros, si se nos diera la oportunidad, podríamos llegar a cometer las mismas atrocidades cometidas en aquel lugar, y ¡sí que tiene razón!

Lo he descubierto en mí, cuando de repente sin saber cómo ni de dónde, me llegan pensamientos de maldad. Entonces me detengo y me pregunto a mí misma: ¿qué pasaría, si yo les diera cabida y les hiciera realidad? Sería como Judas o peor que él, porque si bien no estuve físicamente en el Gólgota, fueron mis pecados los que te dieron muerte. Pero ¿cómo mis pecados si aún yo no existía?

Bueno, muchos místicos me han ayudado a responder esa pregunta y he quedado al descubierto, yo también te di muerte Señor, y lo sigo haciendo cada vez que te dejo salir de mi corazón.

Yo no había nacido en ese entonces pero aun así para que tu gracia me alcanzara, era necesario que tus divinos ojos vieran mi pecado, mi nada, mi basura, mi miseria, y que murieras por mí. Sí señor, moriste por mí, viste todo aquello que esta hija te hizo, que vergüenza, mi Jesús. Antes me preguntaba, ¿cómo es posible que alguien pueda concebir planes maquiavélicos para acabar con la vida de un hermano?, y ¿ sábes que, mi Jesús? Yo no estoy muy lejos de hacer exactamente lo mismo, solamente necesito consentirlo dentro de mi corazón y acto seguido, puedo volverme la más cruel de todos los asesinos, "sosténme, Señor, porque te entrego como Judas", decía San Felipe Neri. Al meditar tu pasión, he llegado a descubrirme capaz de mucha maldad, se me ha quitado la venda de los ojos y ahora puedo ver mi gran miseria en toda su expresión.

Pero Tú Señor me has rescatado de ese abismo en el que me encontraba y mi vida ha cambiado. Ahora que me reconozco nada ante Tí, puedo, con tu gracia, ver la nada en los demás y no juzgar, sino entender que al igual que yo, esa persona está ciega, y que si viera su alma como Tú la ves, se espantaría, caería de rodillas y te buscaría de corazón.

Soy pequeña y débil, Tú lo sabes y por eso me amas, yo solamente quiero ser toda tuya. Si llamas a la puerta de alguien y no te abre, dale Señor, llámame a mi, sí, tu hija pequeña, aquella a quien sacaste del fondo de su miseria; aquella que en su pobreza desea ser toda tuya. Llévame Señor donde no te conocen, se Tú mis manos, mis ojos, mis pasos, mis palabras, te entrego este pobre corazón que sin Tí no es nada. Tómame Señor y llévame a donde quieras llevarme, no sueltes mi mano porque si lo haces, al igual que una indefensa y frágil ovejita, me perdería para siempre.

NADA SOY

¿Te amo Señor? ¿Hasta qué punto en realidad te amo? Me da vergüenza responder a esa pregunta, porque aún me falta mucho amor por Tí. Sé que éste es un camino muy largo y duro en el que tengo que luchar contra mí misma, es muy difícil morir a mis deseos, a mis gustos, significa despreciar todo aquello que proviene del mundo y que aún no he podido hacer.

El cristiano debe ser alegre y ver al Señor en todos sus hermanos. Qué difícil es verte a Tí en esa persona que me ofende, que me mira mal, que me humilla, que se burla de mí. Tú estás en todas tus criaturas aun cuando ellas se empeñen en esconderse de Tí. Debo ver lo bueno, la belleza del alma, solamente el alma, ¡Señor qué duro trabajo tienes conmigo!

Soy como una cometa en el cielo que se deja llevar por el aire a su antojo, pocas veces logro amarte a Tí en todos mis hermanos. ¿Por qué es tan difícil ofrecer la otra mejilla? ¿Por qué no puedo callar cuando me gritan? ¿Por qué simples palabras me roban la paz y me hacen sentir triste? ¿Por qué? Es la soberbia, que aún hay en mí, sí, ese espíritu de soberbia, de creer que deben ser siempre amables conmigo, de creerme muchas veces mejor que los demás.

¿Qué tal? ¡Esta pobre alma mía, aun con toda su miseria, aún tiene aires de grandeza! Qué despropósito, Señor. Pienso en todas las ofensas y humillaciones que Tú, que eres Dios, el creador y el dueño de todo, soportaste por amor a nosotros; es que Señor, te dejaste matar por tus propias criaturas, te dejaste llevar al nivel más cruel del ser humano, tu santo cuerpo recibió todo lo que nosotros mereceríamos recibir como justo pago a nuestra maldad. Sin embargo, Tú, Rey de reyes te dejaste matar, fuiste ese manso corderito que nunca abrió su boca para responder a un insulto sino para pedir misericordia para tus verdugos, no los miraste con rabia, no nos diste, Señor lo que en verdad merecíamos; Tú santísimo cuerpo cargó sobre sí toda la podredumbre de nuestro pecado, lo peor del ser humano.

Gracias infinitas te doy, Señor, en nombre de aquellos que te desprecian y no te aman. Toma mi alma Señor, es tuya, toma mi corazón y haz de él lo que Tú quieras, soy toda tuya, quiero ser sólo tuya. Arranca de mí toda la maldad que hace que mis hermanos no te puedan ver a Tí en mí, ayúdame a enamorarme locamente de Tí, ayúdame a darte siempre el primer lugar en todo, Señor.

Dame tu gracia, Tú lo eres todo y yo soy nada, soy menos que un granito de arena sin tu amor, sin tu misericordia. Nada valgo, nada soy, nada puedo si Tú no estás conmigo. Soy menos que la nada, tu gracia es la que me da valor, es la que me permite llamarte padre y anhelar llegar al cielo, a ese lugar que entre tus brazos me tienes preparado. Ese lugar donde ya no temeré a nada ni a nadie porque mi Padre eterno, Aquél que me ama hasta el extremo, estará conmigo y sus ojos miraran los míos para siempre.

ESTAS DENTRO DE MI

¡Ayer vi tu rostro, Señor! Sé que no fue un sueño o simplemente producto de mi imaginación. Recibir tu cuerpo, sangre, alma y divinidad en ese pedacito de pan en el que, por amor a mí, decidiste quedarte, ha sido lo más maravilloso que le ha pasado a mi vida. Cuando estoy en la fila para comulgar, levanto la mirada al crucifijo que está suspendido sobre el altar y siento en el pecho como un galopar de caballos, es una sensación que no sé explicar. Es alegría, impaciencia, ganas de llorar, es como si mi alma me hablara y me dijera: "se acerca el momento, prepárate" y entonces trato de disimular ese golpeteo en mi corazón para que los demás no sepan lo que me sucede, me parece que quien está a mi lado puede escuchar mi corazón a mil y pueden ver que me falta el aire. No es que me de vergüenza, es que lo que le pasa a mi alma en ese momento es sólo entre Tú y yo.

Me acerco al sacerdote y en medio de todo esto, estoy frente a él, saco mi lengua para que Tú, mi Señor, seas puesto en ella, luego doy unos pasos más y bebo del cáliz tu santísima sangre. Acto seguido me voy a mi puesto y me arrodillo. El golpeteo en mi corazón ya no lo escucho, se ha detenido, ahora solamente me invade una sensación tibia y reconfortante, como si me sumergiera en agua y ya todo lo que está a mi alrededor desapareciera.

Ya no estoy en la iglesia, estoy en tu presencia Santísima, en los brazos de mi Padre, en los brazos de Aquél que dio su vida por mí y para mí. cierro mis ojos y me apresuro a decir las oraciones correspondientes porque lo que más deseo es fundirme en el amor del Padre, en su silencio, en su paz. Me ha pasado que cuando cierro los ojos hay una fuerza que siento como si me llevara a otro lugar. Es como si viera con los ojos cerrados una dimensión diferente, me da, no sé decir, no es miedo exactamente, me parece que si me abandono totalmente, voy a resultar en un lugar que no es la iglesia y que no voy a poder volver. Pienso que mi fe y mi amor por Tí Señor, aun no ha llegado al punto de abandonarme completamente en Tí. Pero confío en que el día que esté preparada me dejaré llevar a ese lugar que sin duda alguna, será un regalo más que Tú quieres darme.

Ese día después de recibirte, al cerrar los ojos como de costumbre, vi tu rostro Jesús. Eras Tú, lo sé, en tu inmensa misericordia quisiste que esta pequeña y miserable pecadora viera el cielo en tus ojos. Fue un pequeño instante en que vi tu rostro, no estabas serio ni tampoco sonreías, eras solamente Tú, querías que viera el rostro de quien acababa de consumir: el cordero de Dios, mi Salvador, Aquél que se queda en mi corazón para siempre, a menos que yo, con mi pecado lo eche fuera. Cuando la hostia y el vino se deshacen en mi boca y lo consumo, la sensación de calor se disemina por todo mi cuerpo y en mi mente solo hay un pensamiento que repito una y mil veces: "estás dentro de mí y es maravilloso, quédate Señor conmigo"

Nunca entenderé cómo El Señor, creador y dueño del universo, está presente en ese pedacito de pan tan pequeño y tan humilde, no me interesa entenderlo, solo sé que ese pedacito de pan me lleva al cielo y me trae de regreso en los brazos amorosos de mi Padre, anhelo el día en que ya no regrese más porque sé que viviré con Él para siempre.

TODA TUYA SEÑOR

Señor, Tú me conoces mejor de lo que yo misma me conozco, creaste mi alma para que fuera solo tuya, para que cuando me llames a tu presencia pueda glorificarte y hacerte sonreír con las buenas obras que pueda llevar en mis manos, pero ¿sábes Señor? En realidad es poco o nada lo que he hecho con mi vida para hacerte feliz, y eso me aterroriza mucho. Uno debe florecer y dar el ciento por uno de todo lo que Tú nos das; en este país siento que no es mucho lo que yo puedo hacer, ¿qué quieres de mi, Señor?, ¿Qué deseas que haga con la vida que me has regalado? ¿Cómo debo glorificarte? ¿Cómo llegar a tu presencia con las manos llenas?

Hay tantas personas que hacen el bien de maneras increíbles, personas simples como yo, sin embargo, en medio de la pobreza de mi alma no logro encontrar la manera de llenar mis manos de obras para Tí. Este país es muy bendecido con abundantes recursos, tanto que las personas los desperdician sin sentir remordimiento por tantas otras personas que darían lo que fuera por tener lo que ellos tiran a la basura. No los culpo Señor, pues nunca han tenido este tipo de carencias, no tienen idea de lo que es no tener nada en la mesa para comer y dar a sus hijos, y pues no tienen la cultura de compartir el dolor de aquellos que mueren de hambre en países lejanos y que solo ven en televisión. Yo no quiero que esta cultura insensible permee mi corazón, no permitas nunca que mire con indiferencia el dolor de mis hermanos en todo el mundo.

Es fácil dejarse llevar por la abundancia y por el llamado del mundo que habla al oído diciendo: "tú lo mereces, has trabajado duro por eso" no, Señor, todo lo que tengo en mi vida han sido regalos tuyos, todo eso proviene de Tí y de nadie más. No soy yo quien merece o consigue los bienes por mi propio merito, ¡no! yo no merezco nada, y sin embargo Tú en tu infinito amor me lo has dado todo y aún más de lo que puedo imaginar. "Pide y se te dará" dices Tú en la palabra, pero yo Señor lo único que te pido es que le concedas a mi corazón amarte todos los días de mi vida; quiero que todo mi ser sea una alabanza para Tí, no quiero causarte dolor ni mucho menos abrir tus heridas con mi egoísmo, mi envidia y mi soberbia, ¡no Señor!

Dame un corazón puro para amarte con cada palabra, mirada, paso, crea en mí un corazón nuevo para amar a los demás, así como Tú los amas. Quiero ser motivo de alegría y esperanza entre quienes me rodean, quiero ser santa, pero a veces siento que no sé como, a veces siento que mi corazón aún no está listo para amarte como deseo amarte y eso me entristece mucho. Solamente Tú mi amado Señor puedes hacer tu obra en mí, heme aquí dispuesta a que transformes mi pobre corazón en uno que solamente ame para Tí, viva para Tí y que actúe contigo, soy tu esclava, como la virgencita María, quiero ser toda tuya, si mi corazón no te ama, ¿entonces para qué quiero la vida? ¿Para qué?

ME AMAS SEÑOR

He venido a verte mi amado Jesús, aquí me tienes frente a Tí. He venido a acompañarte un ratito, Tú no necesitas de mi compañía, sin embargo, sé que la anhelas; Tú el Rey del universo, Tú, el dueño y autor de todo cuanto existe, te alegras de que venga a verte. Tú lo eres todo y yo soy nada, necesito de Tí, quiero amarte como te han amado tantos santos, quiero amarte con amor desmedido, quiero entregarme totalmente a Tí, pero ¡qué difícil es Señor! intento tener siempre buenos pensamientos, ser amable y verte a Tí en los demás, pero todos los días fallo en el intento y es cuando caigo en desánimo, duda y tristeza.

Entonces clamo a Tí, oh, mi buen Jesús, para que vengas a rescatarme y Tú con esa mirada de amor infinito y con las más dulces palabras, hablas a mi corazón y me recuerdas que estás siempre conmigo. No te impacientas, no te enojas, solamente me amas. Gruesas lágrimas empiezan a rodar por mis mejillas y así, ésta pobre y débil ovejita se abraza a Tí descubriendo con alegría que Tú la sigues amando a pesar de todo.

Me amas, sí, Señor, me amas aun cuando con mis malas intenciones te escupa en la cara y te abofetee con mi falta de amor hacia mis hermanos. Qué mentirosa soy cuando digo que te amo si ni siquiera puedo verte a Tí en los demás, qué mentirosa soy cuando digo que quiero seguirte, pero ni siquiera soy capaz de levantarme temprano a hablar contigo. Cuánta mentira hay en mí hacia Tí, cuánta necesidad tiene el corazón de esta pobre alma de Tí, Señor. Me siento tan pequeña e insignificante y es ahí cuando el enemigo me habla y me dice que mire atrás, le hago caso y me descubro sucia y poca cosa. Bueno, en realidad eso es lo que soy, la trampa del enemigo está en hacerme creer que por más amor que Tú me des, siempre voy a ser igual, y no es así.

Soy nada, sí, lo sé, sin tu amor nada soy, si Tú Señor, me amaras con el amor que merezco, estaría perdida. Yo estaba en la nada y, sin embargo, Tú me elegiste, me sacaste de allí y me hiciste hija tuya. Todos somos tus hijos, pero nos comportamos como si no nos amaras, como si no fuéramos importantes para Tí. Estoy aquí porque por amor me creaste, me diste la vida en el vientre de mi madre, y me creaste nada más para que yo supiera lo que era el amor. A través de mi mamá me amas, a través de mi esposo, del alimento, de los animalitos, de la naturaleza, pero lo más difícil ha sido aprender que me amas incluso por medio de aquellos que me desprecian.

Misteriosos son tus caminos, Señor, y me cuesta mucho saberme amada de esa manera, pueda que ahora lo comprenda, pero aun no lo puedo sentir dentro de mí. Me amas a través del desprecio de aquellas personas porque quieres enseñarme a ser humilde, a saberme nada, porque si no soy nada puedo recordar en mi corazón que Tú lo eres todo y que me santificas a través del desprecio de los demás.

¿Quién soy yo para enojarme o entristecerme cuando alguien se burla de mí, si Tú, el Rey de reyes y Señor de señores soportaste humillaciones inimaginables y ni siquiera abriste tus labios para decirles nada, ni les miraste con el mas mínimo rencor a quienes te estaban matando injustamente? ¿Quién soy yo, Señor para que me ames tanto?

QUIERO AMARTE POR AQUELLOS QUE NO TE AMAN

Hoy he pensado en lo absurdo que es el ser humano. ¡Cómo es posible que nos creamos con el derecho de burlarnos de Tí, de tu palabra, de tus sacerdotes, de tu iglesia! En mi caso Señor, yo nunca me creí mejor ni nada de eso; el enemigo de las almas me hacía sentir insignificante y poca cosa, y de hecho eso es lo que soy, pero tu amor y el precio de sangre que pagaste por mí, me devolvió la dignidad de ser hija tuya.

Mi Señor ¿cómo es posible que el ser humano se crea algo para burlarse de Aquél que lo creó? ¿Cómo es posible que se crea con el derecho de cambiar tu palabra y acomodarla a su antojo? ¿Es que acaso qué es el ser humano en este mundo? Somos un poco más diminutos que un grano de arena, que si no existiera, el mundo seguiría en pie. ¿Quién es el hombre para disponer de este mundo como si fuera suyo? ¿Acaso no venimos de Tí? ¿Acaso no éramos nada cuando Tú, en tu infinita misericordia y amor, nos llamaste a la existencia? ¿Qué es lo que se cree el hombre para despreciar a Aquél de quien todo recibimos?

Señor, cuanta tristeza me embarga cuando veo a tantas personas ebrias de poder, de títulos, dinero, posesiones y placer. No me cabe en la cabeza que no piensen en la eternidad de su alma, ¿es que acaso creen que con su inteligencia y poder, que no les pertenece, porque todo es tuyo, todo proviene de Tí, van a poder cambiar una sílaba de lo que en el tribunal divino, se va a decir de ellos?

¿Sábes? Estoy convencida que estas personas creen que van a morir y ya, ahí se acaba todo, como los animalitos, ¡qué equivocados! ésta, es para mi la única explicación de la razón por la cual viven sus vidas haciendo todo lo que les satisfaga sus sentidos, pues al fin y al cabo cuando mueran no lo van a poder hacer, pues entonces aprovechan y se abandonan a toda clase de placeres. Ni qué decir de aquellos que en un momento de sus vidas les hablaron de Tí, y profesaron tu fe, me pregunto qué les hizo cambiar de opinión. Es tan difícil, Señor, somos tan frágiles a los placeres que el mundo nos ofrece, que nos enceguecemos a tal punto de creernos con poder de despreciarte y humillarte.

Cuánta soberbia, Señor, pensar que en un solo segundo, si tu amor no fuera tan grande, podrías acabar con todos nosotros, y entonces ese ser humano engrandecido por su orgullo, pasaría a ser nada, porque eso es lo que somos, nada.

Mi Jesús yo quiero amarte por aquellos que no te aman, quiero ser quien siempre te abra la puerta, aquella persona que atienda a tu llamado y que con su obediencia y fidelidad ayude a sanar tus heridas. Esas heridas que te causan nuestro egoísmo y esa soberbia de creernos todo ante Aquél que sí lo es todo.

Señor, Tú conoces mi corazón y sabes que mi más grande deseo es amarte, adorarte y ser motivo de tu sonrisa, de tu alegría, no permitas nunca que el enemigo arrebate este deseo de mi corazón. Toda tuya soy, Señor, toda tuya para amarte y servirte en aquellos que no te conocen. Tómame, Señor, haz de mi un vaso nuevo, hazme de nuevo, si es necesario y guárdame para siempre en tu sagrado corazón.

SAN JUAN PABLO II, EL RESPONSABLE DE MI CONVERSION

Qué hermoso se siente estar aquí contigo, el verte tan solo me entristece mucho, como quisiera que todas las personas sintieran el llamado de venir a acompañarte.

Hoy es la fiesta de san Juan Pablo II, aquel gran hombre servidor tuyo al que por tu infinita misericordia le permitiste que tocara mi corazón y arrebatara mi alma de las manos del enemigo, donde me encontraba presa. Mi papá cuenta que cuando san Juan Pablo II fue a Bucaramanga, él me tenía en sus brazos, bien alta, para que pudiera verlo al pasar por nuestro lado; tendría yo 3 o 4 años más o menos, y que, en lugar de mirarlo, volteé la cara con fastidio, rabia, no lo sé. Qué iba a imaginar yo que años después, esa misma persona iba a causar en mí tanto bien; ya era una mujer adulta cuando más triste y aburrida me sentía, creía que mi vida no valía, que nada tenía sentido para mí, nada. Entonces empecé en mi desesperación a buscarte, pero no sabía cómo. Empecé con el santo Rosario rezado con tedio, desgano, con muchas cosas en mi cabeza menos, con la meditación de cada misterio. Recuerdo que una vez no sé por qué pero se me ocurrió ver videos en YouTube de San Juan Pablo II. No recuerdo si fue la primera vez o no, cuando me encontré llorando al escuchar sus palabras, su voz, al ver ese rostro amable y hermoso que me instaba a no tener miedo de mirarte a Ti, a buscarte dentro de mi corazón, donde sin darme cuenta te tenía olvidado y abandonado.

Lloré mucho, era ese llanto que no puedes explicar de donde viene, simplemente era una sensación en el pecho, como si tuviera que llorar y llorar, para que las lágrimas limpiaran tu recuerdo en mi corazón y pudiera verte otra vez.

Desde aquél día mi alma ya no volvió a ser la misma, sentía la necesidad de buscar más y más cosas que me llevaran a conocerte, que me ayudaran a volver a descubrir tu imagen en mi corazón deprimido. Seguí pidiendo ayuda a la virgencita María, y para mi sorpresa, con el tiempo fui descubriendo en el santo rosario todo aquello que necesitaba. Puedo decir que San Juan Pablo II inició mi sacudida espiritual, la virgencita María me invitó a buscarte en la Eucaristía y me enseñó a amarte.

¿Por qué yo Señor? Es mi pregunta, ¿por qué me miraste a mí?, ¿por qué le regalaste tanto a aquella pequeña y malvada alma que estuvo perdida durante tanto tiempo? ¿Por qué no te amé antes? ¿Por qué yo y no otra persona? Quizás nunca tendré la respuesta a estas preguntas y si la tuviera, muy probablemente mi limitada inteligencia humana no lo entendería. Por lo tanto, Señor voy a dejar de preguntarte esas cosas y simplemente voy a dejarme amar por Ti. Pero sí quiero pedirte algo que anhelo mucho, me gustaría que así como yo fui rescatada del infierno donde el enemigo me tenía sumida, con todo mi corazón te suplico mi Señor, que permitas que por la intercesión de san Juan Pablo II, sean cada vez más y más almas que lleguen a conocerte y que se enamoren de Ti.

Te pido mi amado Señor que me des la gracia de amarte más y más con amor desmedido, quiero que seas todo para mí, recuerda que sin tu gracia nada puedo, nada soy. San Juan Pablo II, tú que lo amaste tanto, ayúdame a amarlo con el amor que le profesaste todos los días de tu vida.

TU SEÑOR ERES MI ALEGRIA

Jesús son tantos los pesares que llevo en el corazón, que a veces me avergüenzo delante de Ti, porque quizás no vivo con alegría. Me pesa tanto la tristeza del mundo, su indiferencia, su maldad que a veces pienso que ya no puedo hacer nada por cambiar esa realidad. Hay tantas personas que hacen un cambio, que saben de verdad actuar como verdaderos cristianos, aun cuando muchos ni siquiera creen en Ti. ¿Y yo qué hago? ¿Qué hace aquella que se supone hija tuya y que dice amarte, que hace el rosario todos los días, que te visita en tu casa, que se confiesa regularmente y que supuestamente quiere que actúes a través de ella?

Nada, Señor, nada. Tristemente esta hija tuya no hace nada extraordinario para Ti. ¿Sábes? Cada vez que me conozco más a mi misma, descubro que si por mi fuera, me encerraría en un lugar donde nadie me viera, donde nadie supiera de mi existencia, me abruma el bullicio, la algarabía, el ruido del mundo. Creo que, si no me hubiera casado, habría sido una religiosa de clausura, de aquellas a las que nadie ve ni escucha, de aquellas que en la soledad y el silencio viven para Ti. Siempre he visto este rasgo de mi personalidad como algo malo, algo que debo cambiar, pero está tan arraigado en mí, que en lugar de cambiar, con el paso de los años aumenta más.

Soy un alma solitaria, Señor, y a mi esposo le ha costado mucho aceptarlo; quisiera corresponderle con fiestas, reuniones de amigos y familia, ¿pero sábes? Cuando estoy con más personas me siento rara, fuera de lugar y me cuesta muchísimo ser sociable y divertida. Sé que para muchas personas paso por arrogante, engreída, orgullosa o quizás boba, y muchas veces me siento mal por no poder "encajar". Tú me conoces, Señor y sabes que mi felicidad es tan simple como contemplar un atardecer, capturar la belleza de tu creación en una fotografía, mecerme en un columpio, acariciar un perrito, ver el mar, leer, escribir o comer un helado. Mi felicidad es así de simple, así soy yo, y me ha costado mucho tratar de encajar en este tipo de situaciones a las que definitivamente no pertenezco.

Me encanta venir aquí, hablar contigo y acompañarte en medio del silencio donde puede mi corazón hablarte así, sin palabras, sin miedo, sin sentirme rara. Aquí delante de Ti obtengo todo aquello que algunos obtienen en una fiesta, en un bar, en el ruido del mundo y que les da felicidad. Tú Señor eres mi alegría, mi paz, mi norte, mi consuelo, todo eres Tú para mí. En la simplicidad de mi alma quiero ofrecerte todo aquello que habita en mí y que me llena cuando hablo contigo, así contigo, Jesús quiero permanecer siempre.

EL DIA QUE JESUS ME DIO UN BESO

Era de mañana y llegué a visitar a Jesús en su casa, estaba solo como de costumbre, esperándome con ansiedad para que habláramos sin palabras, en el silencio de mi corazón, ese silencio que cada día me hace recordar que si quiero escucharle, debo acallar mi mente y vaciarla de todo el ruido que envuelve el mundo.

Ahí estaba mi amado Jesús sentado en el altar, mirando al vacío, en éxtasis, en silencio. Sus manos sobre las rodillas y con la más hermosa de las sonrisas me miró a los ojos y en el corazón me dijo que estaba muy feliz de que hubiera ido a visitarlo. Entonces entré en su casa y me arrodillé en el lugar de costumbre sin quitar los ojos de su rostro, de esa hermosa sonrisa que me regalaba con tanto amor.

Aquí estoy Señor, le dije, he venido a visitarte, a acompañarte un ratito y a escuchar tus penas. De repente esa hermosa sonrisa desapareció de su rostro y vi en sus ojos tristeza, una tristeza que jamás había visto en ningún rostro, sus manos tocaron sus mejillas y comprendí que mi buen

Jesús lloraba. No llores, mi Señor, me apresuré a decirle, no quiero verte triste, he venido a acompañarte y no quiero entristecerte. Entonces mi buen Jesús extendió los brazos y corrí presurosa a corresponder a su abrazo; me fundí en su pecho, mi cabeza se hundió en su regazo y pude percibir que mi Jesús seguía llorando, su corazón latía con tanta suavidad que pensé que se detendría y que mi Jesús moriría de dolor. ¿Qué te aflige tanto mi Señor? ¿Qué te entristece al punto de que las lágrimas oculten la belleza y la luz de tus ojos? Y entonces mi Jesús con voz trémula, pero con la dulzura de siempre, me dice que sufre ante la indiferencia de sus hijos. "Los he amado tanto pero no lo notan, no me reconocen, no reconocen la voz de quien les dio la vida, me pagan con desprecio el amor que les doy".

No llores mi buen Jesús, he venido a acompañarte y a darte el amor que no te dan tus otros hijos. En el silencio que acompañaba nuestro encuentro, pude darme cuenta que a medida que pasaba el tiempo y que Él me estrechaba en su pecho, su corazón parecía latir con más fuerza, entonces levanté la cabeza y mi rostro se dibujó en esos ojos tan hermosos, tan puros y noté que ya no lloraba sino que me regalaba una hermosa sonrisa, como la que vi cuando entré en su casa.

Comprendí que en medio de mi miseria, mi pequeñez y mi nada, ¡había consolado a Jesús! Yo, una miserable criatura, había logrado que mi buen Jesús cambiara del llanto a la alegría. ¿Quién soy yo Señor para que sea causa de alegría a tu corazón?; ¿quién soy yo para que consuele el corazón de Aquél quien lo es todo, de Aquél ante el cual los ángeles se postran; de Aquél quien por amor y nada más que por amor nos llamó a la existencia, al Rey de reyes, al Amor de los amores, quién soy yo?

En ese momento mi buen Jesús tomó mi rostro en sus manos y con el amor más grande e infinito, posó sus labios en mi frente. Mi corazón empezó a latir con tanta fuerza que temí que fuera a salirse de mi pecho, recordé que mi amado Jesús en medio de su majestad, una noche como hoy se había hecho niño para estar en medio de nosotros, y comprendí que como Dios y hombre anhela que correspondamos con un poquito de amor, aun en medio de nuestra miseria, a aquél amor inconmensurable con el que nos ama, Aquél a quien los cielos no pueden contener y quien sin embargo se hizo pequeñito y frágil por nuestro amor.

LEYENDO A SAN FRANCISCO DE SALES

Buenos días Señor, hoy intentaré responder a la pregunta que plantea san Francisco de Sales en el libro Introducción a la vida devota: ¿cómo está tu corazón con respecto a Jesucristo? ¿Estás contenta de estar cerca de Él?

¿Que si estoy contenta? ¡Claro que sí!, aunque mi personalidad no es de naturaleza alegre, puedo decir que desde que empecé a buscar al Señor, muchas cosas han cambiado en mi vida. Ahora tengo otra perspectiva de la vida, puedo tener una actitud diferente antes situaciones que antes me descomponían. Sí, mi vida ha cambiado, Señor y me gusta más como es ahora, y todo por tu gracia y porque tuviste misericordia de esta alma y la sacaste del infierno donde el maligno me tenía un lugar. Cuando miro atrás, me doy cuenta de que en tu infinito amor me has dado todo aquello que mi corazón ha anhelado, quizás no cuando yo lo he querido, sino cuando Tú, en tu infinita sabiduría lo has designado.

¿Quién soy yo, Señor para pedirte más cosas? Quién sino

un alma miserable y pecadora a la cual amas con amor desmedido, esa soy yo. Soy esa hoja en el viento que muchas veces se olvida de Ti y se deja llevar por la tristeza y el desánimo. Soy esa hija pequeñita que necesita del amor de su padre celestial aun cuando ya los años han dejado huella en su rostro. Soy ese pajarillo débil que depende del alimento de su madre para sobrevivir; soy esa alma que a veces se comporta como si el hecho de estar viva fuera un acto de obligación y que por estarlo piensa que merece más de lo que ya recibe de tu generosidad.

Soy todo eso y mucho más, mi amado Señor, y sin embargo sigues creyendo en mí, en que algún día mi corazón te acepte del todo y decida seguirte. Mi corazón ha aprendido a soltar algunas cosas que antes me alejaban mucho más de Ti; he aprendido que soy nada, que soy menos que un grano de arena ante la majestad de Aquél de quien recibí la vida. El darme cuenta de mi pequeñez, me ha enseñado que mi Padre celestial me ama así como ama a todos sus hijos, incluso aquellos que me hacen daño y que han sido causa de tristeza a mi corazón.

Entonces, si El Señor nos ama tanto a todos, ¿por qué no he yo de hacer lo mismo? ¿Es que soy buena gente y en cambio ellos no? ¡que gran mentira! Cuánta soberbia aun habita en mí, ¿si tuviera la oportunidad de matar a alguien o de cometer cualquier otro acto de crueldad acaso no lo haría? ¿A cuántas personas han matado mis palabras, mis miradas, mis actitudes, a cuántas personas les he robado la paz, la alegría, aquella que disque es buena gente?

Tú, Señor eres quien ha abierto mis ojos para descubrir los alcances que como ser humano imperfecto y pequeño, puedo llegar a tener. El descubrirme pecadora ante tu bondad me ha regalado la conciencia de saber que tu amor no tiene límites y que debo ver en los demás, eso que Tú ves en mí y amarlos como Tú los amas. ¿Que si es difícil? ¡Vaya que sí lo es! Y es la soberbia de mi corazón la que no me ha dejado hacerlo. Los santos te amaron con ese amor que yo desconozco y que se me hace tan difícil descubrir, pero no estoy sola, Tú, Señor caminas conmigo y me vas enseñando poco a poco a descubrirte a Ti en todos mis hermanos. Mi corazón es tuyo, lo sabes, y te lo entrego para que tu amor me transforme, para que seas solo Tú quien obre a través de mí. Aquí me tienes Señor a tus pies para que como barro en tus manos moldees mi corazón y lo hagas semejante al tuyo.

APRENDIENDO A SER HUMILDE

¡Buenos días mi Jesús sacramentado! Hoy quiero contarte y reflexionar en algunas cosas que he pensado últimamente.

Leyendo las historias de san Francisco de Asís, he quedado muy impresionada por su vida y sus actitudes. Él se tenía como un ser malvado que no merecía nada de Ti, que solamente era digno del infierno y todo el tiempo se humillaba ante Ti. Esto me ha hecho preguntarme cómo me tengo yo ante tu majestad. ¿Acaso me creo tan indigna y malvada como ese gran santo? O todo lo contrario, creo que soy buena y que merezco muchas cosas. Con tristeza, Señor, tengo que admitir que si bien no me creo la mejor de las personas, sí muchas veces me creo buena y merecedora de cosas buenas. El santo Francisco cuya vida dista muchísimo de la mía, se humillaba constantemente y yo tengo la osadía de anhelar encontrarme contigo porque quizás sin que me dé cuenta, la soberbia que tengo en el corazón me hace creer que no voy a merecer el infierno, y que todo lo contrario, veré tu rostro e iré al cielo.

Dios mío, cuánta soberbia aún guarda mi corazón cuánto me falta por aprender, ¡cuánto! Si san Francisco se tenía por malo, ¿qué seré yo? Si él, con todo su ser, te servía en la pobreza, en la oración, en los sacrificios y aun así su humildad lo hacía creerse perverso, ¿qué diré yo? San Martín de Porres dijo una frase muy hermosa que siempre recuerdo pero que aún no he podido llevar a la práctica. Cuando alguien que lo había ofendido y humillado mucho, le pidió perdón por todo, ¿sabes este gran santo qué fue lo que dijo? Le dio las gracias, imagínate, dar las gracias a quien te humilla por el simple hecho de recordarle con esas humillaciones, que él era un simple pecador y que era nada. ¿Y yo qué hago, Señor cuando alguien me grita o me insulta? El corazón me late muy fuerte, me tiemblan las manos, se me corta la voz y se me llenan los ojos de lágrimas y quisiera salir corriendo, esa es mi respuesta, la actitud de una persona soberbia que se cree buena y que piensa que nadie tiene ningún derecho a tratarla de esa manera.

¡Cuánta soberbia! Cuánta humildad le falta a mi pobre corazón. Señor, Tú conoces todo de mí, y sabes que lo que más deseo es que Tú seas el único que viva en mí, por eso, hoy, quiero pedirte perdón por todos aquellos momentos en los que he dejado que otras personas con sus malos tratos me quiten la paz; perdón por creerme buena y merecedora de cosas buenas aun cuando en realidad no lo soy. Sé que jamás seré como San Francisco de Asís o como San Martín de Porres, sé que estoy a años luz de tener un corazón como el de ellos y solo te pido mi amado Jesús que me ayudes a descubrir toda la maldad de que soy capaz, quiero que quites la venda de mis ojos para que pueda ver toda mi miseria y mi nada, pues solo si me descubro nada ante Ti, que lo eres todo, seré capaz de vivir mi vida de la manera como Tú quieres que la viva, solamente así, Señor podre amarte a Ti de verdad en todos mis hermanos, incluso en aquellos a quienes desprecio porque me hacen mal. Ayúdame a descubrir en sus humillaciones, la pobreza y miseria de la cual mi alma está llena y vaciarla de todo eso que me hace creer digna y merecedora del bien.

MENDIGO DE AMOR EL REY DE REYES

¡Buenos días, mi Señor Jesús! Cuánta falta me hacía venir a visitarte. Cuando estoy aquí contigo me siento tan tranquila, es como si al llegar aquí, mis preocupaciones y penas pasaran de mis hombros a los tuyos.

Hoy cuando venía de camino, pensaba en lo cierto de una canción que dice que Tú eres un mendigo de amor; queda difícil imaginarte a Ti, Rey de reyes, como un simple mendigo, claro que, si quisiste morir tan cruelmente por nosotros, tus malvados hijos, no es de extrañar que tu amor infinito te lleve a convertirte en un mendigo que suplica una sola cosa: amor.

Sí, Señor, es lo único que quieres de nosotros, amor, pero amor libre, no por temor al infierno, sino por amor a Ti, a Aquél que lo es todo y que siendo todo se sometió a las más grandes humillaciones y a la muerte más cruel que nunca nadie ha sufrido. Nos llamas insistentemente a cada instante suplicando algún gesto de amor y no desistes ante tantas negativas que te damos tus hijos. ¿Que si sientes dolor ante tantos no? claro que sientes dolor, es más vuelves a sentir los latigazos, las espinas atravesando tu cabeza, los clavos traspasando tus manos y tus pies; aunque me atrevo a decir que el dolor más grande que sientes cada vez que te rechazamos, es el saber que, para muchísimos de tus hijos, todo ese dolor y muerte de cruz ha sido en vano.

Somos tan ciegos y necios, que optamos por el amor del mundo, ese mal llamado "amor" que todos dicen sentir pero que, a la hora de practicarlo, solo se convierte en una mala copia de lo que en realidad es el amor. ¿Qué es el amor? Bueno, muchos han intentado describirlo y no lo han logrado, quizás porque no se puede sentir lo que se desconoce, no se puede dar de aquello que se ignora, y yo me atrevo a decir que el amor como tal no hay ser humano que pueda describirlo, las palabras no son suficientes para dar una definición. Muchos santos lo conocieron y lo practicaron, pero no porque lo hayan definido, sino porque se atrevieron a ir a la fuente, fueron a Ti.

No hace falta ser un gran sabio o tener muchos títulos académicos para conocerte, de hecho, a los más pequeños e ignorantes les has revelado tu verdad. Te vales de almas pequeñas y las engrandeces con tu gracia, con la luz del Espíritu Santo. Es por esto que muchas personas anónimas e insignificantes para el mundo, crecen cada día en el silencio de tus pruebas, ocultos a los ojos del mundo. Señor, cuantos santos anónimos hay en todas partes, personas llenas de tu luz y tu amor que han sabido ser instrumentos para dejarte actuar a través de ellos.

Aquí ante tu presencia santa, quiero pedirte que por favor me mires con misericordia y que hagas de mí uno de esos tantos santos anónimos; si quieres que padezca dolor porque quieres reparación por tanto pecado, aquí estoy

Señor; si quieres que trabaje para Ti, aquí estoy Señor; si quieres que sea consuelo para alguien, aquí estoy Señor; aquí estoy Señor; si quieres que te acompañe al pie de la cruz y comparta tus humillaciones; si quieres que gane almas para Ti, aquí estoy Señor; si quieres que mis manos trabajen para Ti, si quieres que con mi vida te glorifique, aquí estoy Señor.

Toma mi vida, mi libertad, todo lo que soy y lo que tengo, y en mi pequeñez y miseria, ayúdame a ser grande para Ti e invisible para el mundo, he aquí la esclava del Señor, hágase en mí, según tu palabra.

NOS HICISTE LIBRES

El dolor físico nos asemeja a Ti, Tú la persona que más ha sufrido en el mundo; Tú el mártir y el loquito de amor que no sólo se dejó matar por sus criaturas, sino que, en el colmo del amor, Aquél que ningún ser humano puede entender, te dejaste humillar hasta el extremo, al punto de vivir esa muerte de cruz eternamente cada vez que te ofendemos. Tú no solamente moriste, fuiste flagelado, coronado de espinas y humillado hace más de dos mil años, ¡no! Tú sigues muriendo por amor a nosotros, aunque te demos la espalda una y mil veces, Tú sigues ahí, mirándonos con esos ojos misericordiosos que sólo ven lo bueno en nuestra pecadora humanidad.

Quién puede decir que ha sufrido demasiado; quién puede quejarse de su sufrimiento cuando Tú, el manso corderito, el más Santo de todos los santos sigues clavado en esa cruz padeciendo nuevamente insultos, latigazos y humillaciones, esta vez no son los romanos quienes te matan tan cruelmente, ¡no! somos nosotros, soy yo quien toma el látigo y te hiere la espalda; soy yo quien te corona de espinas, quien te insulta, quien te escupe; son mis manos las que clavan tus pies y atraviesan tu santo costado, soy yo Señor, la mujer que dice quererte pero que al menor descuido te mata una y otra vez. Así que no tengo ningún derecho a quejarme cuando tenga dolor, porque lo merezco, merezco ese dolor y muchos más.

El dolor moral me ataca también y el enemigo lo usa para debilitar mi fe y sembrar dudas en mi corazón; ¿por qué tanto sufrimiento de personas inocentes?, ¿Qué clase de Dios permite estas cosas?; ¿por qué unos lo tienen todo y otros no tienen nada?; ¿por qué unos ríen y otros lloran? Ay, Señor, tantas preguntas en el corazón del hombre, que pretende entenderlo y saberlo todo. Tanto orgullo, tanta soberbia, no te dejamos ser Dios y trabajar en nosotros.

¿Que dónde estabas Tú cuando violaban a aquella niña? ¿Dónde estabas Tú cuando mataban al pueblo judío en los campos de concentración? ¿Dónde estabas Tú, cuando asesinan a tantos bebés en el vientre de sus madres? ¿Dónde? Pues, Tú estabas ahí, con esa niña sufriendo ese dolor y no sólo el de ella, sino también el dolor de ver a un hijo tuyo cometer semejante atrocidad. Estabas entre todas esas mujeres, hombres y niños en los campos de concentración abrazándolos y llorando con ellos; estabas suplicándole a sus asesinos que no lo hicieran; estabas con ese bebé que no pudo ver el rostro de su madre, la que se suponía que lo iba a amar, proteger y defender con su propia vida; estabas abrazando a esa mujer que con miedo, duda, desesperanza, ignorancia y algunas con indiferencia, dejaban que arrancaran a sus hijos de sus entrañas. Sí Señor, Tú estabas ahí con todos ellos, con las víctimas y con los victimarios, amándolos demasiado y sufriendo todo ese dolor Tú, Señor.

No quisiste crear criaturas que te amaran por obligación, nos hiciste libres, con criterio propio para decidir por nosotros mismos amarte porque eres el amor, porque no éramos nada y Tú nos diste la vida, porque querías verte reflejado en nuestra sonrisa, porque querías solamente un poco de amor. ¿Quién soy yo, Señor para entristecerme si en tu infinita bondad me lo has dado todo? ¿Quién soy yo para quejarme de dolor, si Tú no solo cargas con mi dolor sino con el dolor del mundo entero? ¿Quién soy yo?

Te lo diré, yo soy esa alma pequeña que llamaste a la vida cuando mis padres ya no esperaban más hijos; soy esa niña que voluntariosa desde pequeña, miraba mal y le alegaba a su mamá; soy esa adolescente que llena de miedo se enfrentaba a los cambios en su cuerpo y que empezó a abandonarte en los sacramentos; soy esa joven que asistía a la Eucaristía porque tocaba y que refunfuñaba cuando su mamá la invitaba a hacer el santo rosario; soy esa mujer que se sentía indeseada e insegura de sí misma, y aún sigo siendo esa mujer que vive llena de miedo de pensar que va a morir sola, sin ningún hijo que cuide de ella.

Como ves, Señor, no soy nada, soy solo dudas, miedo, falta de fe y de amor por Aquél quien en su infinita misericordia quiso que naciera para amar a través de ella; soy aquella alma que bendijiste con el regalo de la conversión y que aún tropieza, cae y te falla todos los días; esa soy yo y sin embargo a pesar de todo aún apuestas por mí y nunca te rindes conmigo.

Qué grande en amor y misericordia eres Señor, porque aun en toda mi pequeñez y mi miseria me has permitido que lo tenga todo, y si algo tengo de bueno, si he hecho algo bueno por alguien, no eres más que Tú amando a tus hijos a través de mí.

TU SEÑOR TRANSFORMAS NUESTRO DOLOR

Señor, el tiempo a tu lado se pasa volando, debe ser porque cuando se habla contigo sin saberlo, entramos en tu eterno presente y simplemente el tiempo como humanamente lo conocemos, no existe.

Mi Jesús, ¿sabes? Me he estado preguntando y he intentado entender ese misterio tuyo, bueno, uno de tus tantos misterios, y quería hablarte de eso. He pensado en la forma en que sacas bienes de males, me imagino, por ejemplo, el caso de santa Bakhita, esta gran santa esclavizada y humillada desde muy niña, que al final terminó por agradecerle a sus victimarios el haberla vendido como esclava.

Absurdo, ¿no? ¿loco? Quizás, pero muy profundo es lo que hay detrás de este mal tan grande que le hicieron a ella. Obviamente Tú no mandaste a esas personas a que la trataran así, imagino que en el momento en que maltrataban a esta santa, Tú estabas ahí con ellos, hablándoles al corazón, intentando que cambiaran de parecer y que no cometieran ese acto tan cruel. He ahí el momento en el que el libre albedrío que nos diste, está a disposición de nosotros, y es en ese instante en el que decidimos si darte la espalda a Ti o hacerle caso al enemigo; yo lo he sentido muchas veces, en ocasiones en que me hablas por medio de la conciencia y entonces, me muerdo la lengua, me callo y te digo sí a Ti, a tu amor.

Bueno, estas personas optaron por escuchar al enemigo y cometieron todo tipo de maltratos a esta santa que en ese entonces era solo una niña de 9 años. Pero ¿qué paso? ¿Cómo es que de este acto tan cruel y despiadado se produjo tanta bendición para esta niña? Bueno, he de decir que, también influyo su disposición y la nobleza de su corazón, pues cuantas personas hay que como en la historia de san Francisco de Asís, dan solamente de lo que han recibido: "solo la gente lastimada, lastima a la gente" pero ella no, su corazón era noble y supo ver en una imagen de Cristo crucificado, a un esclavo más, a uno que sufría igual y muchísimo más que ella.

Gracias a ese acto de crueldad de estos hombres, ella te conoció y se hizo católica, muy probablemente, te habría conocido si no la hubieran vendido como esclava, pero debido a que sus victimarios no quisieron escucharte, Tú, en tu infinito amor hacia esa niña, hiciste que te conociera dentro de las circunstancias que tuvo que vivir por la crueldad de almas malvadas.

Señor, esto es muy difícil para nosotros de entender porque vemos todo desde nuestra limitada percepción y juicios humanos, y es por esto que muchos pierden la fe y se levantan en contra tuya. Es muy fácil para mi decirlo y escribirlo en papel porque no lo he vivido, que difícil es decirle a una madre cuyo hijo pequeño fue asesinado, que de ese mal tan grande, surge el gran bien de saber que al morir tan pequeñito, su alma se ha preservado de muchos pecados que seguramente habrían puesto en riesgo su salvación, si hubiera vivido más tiempo.

Qué difícil es explicar a alguien cuyo ser querido sufre por una enfermedad, dolores indecibles, que ese dolor Dios lo toma para limpiar su alma, y por qué no, muchas veces para reconciliar a la familia en torno a aquél que sufre. Señor que difícil son tus caminos, que incomprensible es para nosotros, tus hijos, tu forma de actuar y de amarnos. Cuánto amor hacia quien sufre y tanto amor para quien ocasiona el sufrimiento, cuánto te dolemos todos tus hijos, oh, Padre eterno, ¡cuánto amor inmerecido!

MARIA, MADRE DEL AMOR

Buenos días Señor, hoy quiero, a inspiración del padre John Montoya, meditar e irme espiritualmente al momento en que tu santa madre preparó tu santo cuerpo en el sepulcro:

Es tarde, el sol ya se esconde lentamente en el horizonte, toda la creación se prepara para dormir, para descansar. Ha sido un día muy doloroso para la virgen María, pero ella con la fortaleza del Espíritu Santo y porque El Señor lo deseaba, no murió de pena junto a la cruz de su amado hijo. Me parece ver su rostro bañado en lágrimas, su frente cargada de tanto dolor y sin embargo, su mirada es serena, tranquila, es una mirada de quien a pesar de tanto sufrimiento, sabe que no todo ha terminado y que las palabras de su hijo las verá realizarse dentro de pocos días.

Ya no es la niña de 14 años que el ángel visitó y que a pesar de ser tan joven, no tuvo miedo en aceptar una misión de la cual, si en algún momento tuvo dudas, nunca lo expresó, nunca nadie lo supo, porque aquella niña era lo suficientemente valiente para guardar aquello en su inmaculado corazón. La mujer que ahora sostiene en sus brazos el cuerpo inerte de su hijo, ha estado sumida en el silencio del Señor y sin embargo, sabe que si bien, no ha recibido ninguna otra señal de lo que le dijo el ángel aquel día, cree que dentro de poco tiempo volverá a ver la sonrisa de su amado hijo.

Te veo María sosteniendo en tus brazos a mi Jesús muerto y no reconoces en ese rostro deformado por tantos golpes, espinas, laceraciones y sangre, a aquél que un día sostuviste en tus brazos, débil e indefenso, pero en tu

58

inmenso amor de madre, cubres con tus labios ese divino rostro y por un momento me parece verte en el pesebre besando y llenando de amor al bebé que el día de hoy y que continuamente matamos con nuestro pecado. Entonces llevan el cuerpo inerte al sepulcro y con la ternura de quien baña y viste a un recién nacido, vuelves a prodigarle todo ese amor que le diste cuando ese manso corderito dependía completamente de ti.

Tocas sus manos y en ellas reconoces esas manitas pequeñas y gorditas que tocaban tu rostro con torpeza infantil. Reconoces las manos que ayudaron a levantar a tantos pecadores, que sanaron tantos enfermos, que dieron de comer a tantos hambrientos, que arrebataron de la muerte a tantos y que bendijeron tantas vidas; las manos que siempre estuvieron abiertas para todos, incluso para aquellos que tanto lo despreciaron.

Tocas sus pies y en ellos reconoces los primeros pasos que dio de tu mano cuando le enseñaste a caminar, también recuerdas, madre santa, las veces en que sus pequeños pies tropezaban y caían y entonces corrías presurosa a levantarlo para curarle sus heridas, lo abrazabas intentando protegerlo del dolor, dolor que compartieron los dos de igual manera y que parecía que te iba a quitar la vida cuando le mataron frente a tus ojos.

Tocas su cabeza y en ella reconoces esa pequeña cabecita de rizos inquietos que besabas cada vez que corría a abrazarte y a refugiarte en tu regazo. Ahora esa cabeza herida llena de espinas y sangre toca tu rostro, madre y en ella descubres el dolor moral de tu hijo al llevar sobre sí los pecados de toda la humanidad y no puedes mas que llenarla de besos en un intento en vano porque seas tú quien reciba ese dolor y no Él. Tú, madre santa cargaste también con ese dolor, si bien tu cabeza no fue coronada de espinas, pero junto con Él y porque son uno solo, sufriste y soportaste el dolor más grande que puede sentir una madre: ver morir a su hijo y en tu caso, Santa María, el dolor es más fuerte porque tu hijo, el cordero de Dios inocente y sin mancha, fue sacrificado para que con su sangre pagara todas nuestras iniquidades y de paso, para que fueras tú nuestra madre, esa madre que nos ama aun cuando seamos nosotros mismos quienes matemos a su hijo.

INVISIBLE PARA EL MUNDO

Buenos días Señor, hoy hay mucho bullicio en la iglesia, la aspiradora, la práctica del piano, eso me recuerda que también mi alma está llena de ruido, de cosas que me alejan de Ti.

Padre, intentaré acallar ese ruido para que solamente pueda escucharte a Ti. Esta semana en que tantas personas aprovechan para ir de viaje, me hace pensar las veces en que yo también vivía ese tiempo de esa misma manera. ¡Que vergüenza, Señor! Mientras que Tú padecías angustias inimaginables por nosotros, tus hijos rechazan ese santo sacrificio, y yo fui uno de esos hijos, pero nunca más. Señor, aquí estoy a tus pies, entregándote lo poco que soy y que te puedo ofrecer.

En muchas Iglesias del mundo, el Cristo crucificado ha sido cubierto con un manto morado y me queda difícil traer a la memoria la imagen del Cristo que ahora yace cubierto, escondido. ¿Sabes? De una manera, esto se asemeja a lo que

61

hacemos tus hijos contigo. Qué difícil es llevar la cruz, que difícil es cargarla todos los días, sobre todo cuando ese peso lastima y te hace caer, entonces se hace fácil renegar, llenar el corazón de amargura, querer escondernos a ella, no mirarla a los ojos y rendirse ante ese dolor.

Señor no sé cual sea mi cruz exactamente, ¿pero sábes? En los últimos meses he sentido mi cuerpo pesado, exhausto, como si arrastrara con un peso muy grande, a veces creo que tengo la vitalidad de alguien de 70 años, por lo tanto todo se torna más difícil, así sea la tarea más mínima, solamente quisiera quedarme quieta, inmóvil; no sé qué me pasa porque físicamente estoy bien, ¿sábes mi Jesús? Quiero pensar que esto que me está pasando es de alguna manera, la forma como Tú, en respuesta a mis oraciones, quieres que comparta una ínfima parte de todo el dolor que yo te he causado. Cuando pienso en eso, entonces mi perspectiva de la vida toma un giro total y deja de preocuparme mi futuro terreno y empiezo a anhelar la vida en tus brazos de padre. Cuán débil y pequeña soy, Señor soy más pequeña e insignificante que la nada y sin embargo Tu me miras y me reconoces. Reconoces en esta alma miserable y pecadora a tu hija amada, aquella por la cual sonreíste cuando me diste la vida en el vientre de mi madre.

No quiero un puesto importante donde gane más dinero o sea reconocida; no quiero una gran casa con lujos y comodidades; no quiero un montón de ropa y zapatos; no quiero nada que no pueda llevarme conmigo cuando me llames a tu presencia. Quiero tener las manos vacías para el mundo y llenas para Ti; quiero que mis palabras, pensamientos, miradas, acciones sean todas para Ti; quiero ser tan pequeña e invisible para el mundo, que éste no pueda reparar en mí, sino que pase de largo y se aleje.

Solamente quiero ser vista por Ti, esconderme tanto en tu corazón que cuando el enemigo quiera meterse conmigo, crea que no existo, que he desaparecido; quiero que mis manos estén llenas de amor para Ti y que cuando muera, viva solamente para Ti; no quiero ser reconocida y recordada por tener muchos títulos y honores, mi deseo más grande, Señor, es que cuando ya no este en este mundo, quienes me conocieron me recuerden por haberte visto a Ti en mí, quiero que recuerden con cariño las veces en que Tú te valiste de mi para llamarlos a tu corazón, nada más.

No le temo a la muerte física, solamente me aterra llegar a tu presencia y que no me reconozcas, a eso le tengo mucho miedo, que mi creador, Aquél que dio hasta la última gota de su sangre por mí, no sepa quien soy yo y me aparte de su presencia para siempre; temo no responder con amor a Aquél que por amor me dio la vida.

DAR LA VIDA

Buenos días mi Jesús, hoy a diferencia de la última vez, hay mucho silencio, es hermoso estar así, pues Tú nos hablas en el silencio sin embargo, tengo que decirte que se me hace difícil escucharte, Señor. Hoy he estado pensando en lo que escuché de un muchacho en un canal católico: "ha llegado el momento de dar la vida por Dios"

Muchas veces me pregunto cómo puedo yo dar mi vida por Ti, ¿cómo? Me da mucho miedo que vaya a suceder aquí, eso que ha pasado en muchas partes del mundo y te confieso que me aterra la idea de dar la vida por Ti, de esa manera. No creo que sea por temor al dolor, porque igual, muchas de esas personas murieron en segundos y me atrevería a decir que ni siquiera hubo tiempo para sentir dolor, mi miedo radica en que mi muerte le cause dolor a quienes amo, a eso le tengo miedo, obviamente, Señor, no te puedo mentir si te digo que no le temo al dolor físico sin embargo, como Pedro, tu apóstol, necesito de tu espíritu en mí, para alejar todo ese miedo que me aleja de cumplir tu santa voluntad en mi vida.

¿Sábes? Me parezco mucho a tus discípulos antes que les llenaras del espíritu santo, soy temerosa, débil y cobarde. Hoy te decía que te entregaba todo de mí, y en eso llegué a la conclusión que la única manera como te sirvo yo a Tí mi Señor, es como medio de reparación por tanto pecado y por tantas almas que no cuentan con nadie que las lleve a Ti. ¿Por qué llegué a esa conclusión? Bueno, no soy elocuente con las palabras y mi personalidad solitaria y silenciosa, no es un buen instrumento para evangelizar, entre más oculta y escondida esté yo del mundo, mejor me siento y mas me uno a Ti. La única manera que me queda es ofrecerte la fragilidad de mi cuerpo mortal, para que por medio del dolor pueda reparar y acompañarte en el calvario.

¿Que si no le tengo miedo a sentir dolor? Claro que sí, no le tengo miedo, le tengo pavor, sin embargo, ¿sábes qué creo? Que, si bien mi vida ha sido una vida tranquila, desde pequeña el dolor me ha acompañado siempre, de cierta manera, Señor, me parece que, como buen maestro, me has ido entrenando para esta misión. ¡Claro! ¿Cómo es que no lo había descifrado? Nunca seré digna de sufrir el dolor de la cruz, y no es mi intención querer ser como tantos santos en los cuales les has dado tus llagas y tus dolores, no porque no lo desee, sino simplemente porque soy tan poca cosa que no merezco tal dignidad.

Entonces, mi Jesús, ¿te parece si hacemos ese trato? Tú en tu infinita misericordia, permites que en mi cuerpo mortal yo sufra y repare por tanto dolor que te causan tus hijos más infieles. Son dolores pequeños comparados con los que Tú sufriste, lo sé, pero deseo sufrirlos por amor a Ti. Dame la gracia Jesús, de sobrellevar ese dolor con amor y paciencia por Aquél que lo es todo para mí, por Aquél que, en su infinito amor, me sigue amando igual así yo le falle una y otra vez. Señor y si en algún momento se resquebraja mi alma y siento deseos de rendirme, por favor manda a tu madre dolorosa, aquella que dé pie frente al calvario, siguió diciendo sí, aun cuando el alma le era traspasada por el dolor inmenso de ver sufrir y morir a su hijo; aquella mujer que sin entender muchas cosas siguió siendo tu esclava, así como en aquel momento en que te hiciste carne en su santísimo vientre. Si veo a la madre, mi dolor será nada comparado al de ella y así, mi alma recuperará fuerzas y Tú en tu inmenso amor permitirás que muchos pecadores se rindan ante Ti por medio de mi dolor.

Ya no estarás solo en tu gran dolor, ese que te acompaña cada vez que renuevas tu sacrificio en cada eucaristía, porque yo la más pequeña e insignificante de tus hijas, tomaré tus santas manos y crucificaré con todo el amor de que soy capaz, mis manos junto a las tuyas y entonces pasaré de ser tu verdugo y me convertiré, por tu gracia, en una esclava más de tu amor, junto a tu santa madre.

REGALAME TUS OJOS, MARIA

Mi amada madre María ¿cómo no mirar esos ojos tristes y no sentir culpa? ¿Cómo no amarte? Me miras María y mis ojos se encuentran con los tuyos en humilde complicidad, quiero ser como tú, quiero que me enseñes a amar a Jesús como tú lo amas. Quiero ser valiente como tú y decirle sí a mi Señor en todo momento, enséñame cómo se cree sin dudar, sin exigir explicaciones, ayúdame a confiar ciegamente en la voluntad del Señor aun cuando no entienda nada. Enséñame a ser humilde y a reconocerme como esclava del Señor. ¿Cómo María? Cómo puede mi alma reconocerse pequeña si casi siempre caigo en el orgullo de creerme buena, de creer y aceptar con gusto los halagos del mundo; cómo cerrar mis oídos al ruido ensordecedor y escuchar la voz de Dios en el silencio; cómo puedo estar a solas con el Señor sin pensar en nada, ni decir nada; cómo dejarme amar sin creer que debo hacer algo extraordinario para que Él me ame.

Enséñame, María a amarle en el frio del invierno, en la suavidad de la nieve, en el calor del verano, en las flores de la primavera, en los colores de los árboles en otoño, pero sobre todo María, ayúdame a saber amarle en la soledad y en el silencio de las pruebas; enséñame a verle en aquél que me pide ayuda, en quienes me desprecian y en quienes me hacen daño.

Dame tus ojos María, esos ojos que vieron al Salvador cuando era bebé y que contemplaron con inmenso dolor su agonía infinita cuando la vida le abandonaba y cuando lo único que recibió de los hombres, fue desprecio y crueldad. Dame tus ojos María para llorar contigo, tus labios para orar como tú, tus manos para amar y dame tu corazón para que junto al mío pueda darle consuelo y reparar por el dolor en que el mundo se consume.

DAME TU DOLOR, SEÑOR

Señor, hoy quiero pedirte que me des parte en tu dolor, sí Señor, sé que sufres infinitamente todos los días ante tanta crueldad de tus hijos; sé que tu dolor de padre no se puede medir y sé que la persona que te pide que compartas su dolor con ella, está aun mas lejos de saber la magnitud de tu dolor de padre sin embargo, me atrevo a venir aquí ante tu santa presencia a pedirte que me des la gracia de sufrir contigo.

Quiero que a través de mi pequeña y miserable humanidad encuentres un poco de alivio a tanto dolor y tristeza que sufre tu sagrado corazón. Quiero cerrar tus ojos a tanta maldad; quiero que no veas como tus hijos se asesinan unos a otros sin el más mínimo remordimiento; quiero que tus oídos no escuchen todo el veneno materializado en palabras que tus hijos lanzan contra Tí, contra tu santa madre; quiero Señor ser ese filtro, si puedo llamarlo así, por donde pase toda la maldad y pecado que

69

aflige tu corazón, para que solamente puedas ver y escuchar la bondad que aún habita en el corazón de algunos de tus hijos.

Quiero que solamente puedas ver las manos buenas de aquellas madres que reciben con amor la vida que florece en sus vientres; que veas la ternura de un alma enamorada de Tí; el sacrificio por tu amor de tus consagrados que cada día son ofrenda para Tí y que se entregan completamente y sin reservas por tu amor; quiero Señor, que veas la honestidad de aquellos que trabajan para proteger la vida y no para quitarla como si les perteneciera; quiero Jesús que mires la lucha continua por amor a Tí, de tantas personas que diariamente se esfuerzan por agradarte y por ser un motivo para que sonrías,

Quiero Jesús, que tus ojos se encuentren con la mirada inocente de los más pequeños cuyas almas te son agradables porque aun no han sido manchadas con el pecado; quiero Señor que veas los hogares de aquellos que conscientes de sus promesas eternas, están dispuestos a amar hasta el final de sus días y que se esfuerzan cada día por ser ofrenda de amor para Tí.

Quiero Jesús, que veas el trabajo sincero de aquellos que se conmueven con el dolor de tu creación y que luchan cada día por dejar este mundo mejor de lo que lo encontraron; quiero Señor, que veas las manos que abrazan al afligido, que dan de comer al hambriento, los labios que consuelan al triste y que con amor y convicción hablan de Tí; quiero que repares únicamente en los pies que se convierten en camino para aquellos que se han extraviado de la casa del Padre.

Quiero Señor que solamente mires y escuches a aquellos

hijos para quienes tu amor y sacrificio no ha sido en vano, estoy convencida que sí existen, solamente que como trabajan para Tí, son invisibles para el mundo y muchas veces ignorados, maltratados, perseguidos y asesinados, pero ahí estan Señor y sé que la fidelidad de estas almas es lo que hace que, a pesar de tanta indiferencia a tu amor, Tú sonrías y te sientas feliz de haberlo dado todo por ellas.

Y yo Señor, yo quiero ser una de esas almas, quiero que por lo tanto aceptes mi deseo de compartir tu dolor conmigo. Dame la fuerza de tu espíritu para poder cumplir esto que te estoy pidiendo, porque sin Tí, Señor, nada tengo, nada puedo, nada soy, Tú lo eres todo y yo soy simplemente ese pequeñito grano de arena en el mar de tu infinito amor. Permítele, señor, a este insignificante granito de arena tomar por un momento tu dolor para que tu sagrado corazón encuentre un poco de descanso.

NADA ME PERTENECE, TODO ES TUYO

Buenos días mi Jesús sacramentado, cuánto había anhelado venir a estar contigo en la soledad de tu casa. Estabas solito, como siempre, pero feliz de que hubiera venido a verte. Mi Jesús a veces siento que soy tan inútil y que no te sirvo para nada, todo lo que hago es pedir y pedir y es muy poco lo que te doy, pero Tú me miras con amor y sonríes ante lo poco que mi pobre corazón te puede dar, y eso me hace feliz.

Dime cómo te puedo servir, mi Señor, dime qué debo hacer para hacerte sonreír, para que mi existencia te haga feliz, es lo único que mi pobre corazón anhela, es lo único que te quiero pedir hoy, mi vida es toda para Tí. Tómame Señor y llévame donde quieras llevarme, dame lo que tú quieras darme y quítame lo que quieras quitarme, nada me pertenece, todo es tuyo.

¿Sabes? Muchas veces me siento tan insignificante ante

72

el mundo, veo tantas personas de éxito con buenos trabajos, gente que viaja por el mundo y cuando me comparo con ellos, resulta que soy nada, a veces me pregunto si es que me faltan aspiraciones, si es que soy mediocre ante la vida. Cuando estos pensamientos asaltan mi mente, es inevitable sentirme mal sin embargo, cuando miro lo que era mi vida antes y lo que es ahora, no puedo hacer otra cosa que sonreír, alabarte y agradecerte porque, bueno, nunca he sido una persona exitosa ante los ojos del mundo y sin embargo mi vida era tan vacía, triste y carente de significado que prácticamente trabajaba y vivía de manera automática, como una máquina que requiere estar en constante actividad y ruido, para quizás acallar la voz de la conciencia, y aun así ante los ojos del mundo me faltaba aun algo para estar bien: casarme o tener pareja. El mundo nos enseña eso: a ser productivos y a competir por los mejores puestos, a tener posesiones, títulos académicos, a comprar y a llenar nuestros vacíos con cosas y hasta con personas.

Entonces pienso en Tí, Jesús, en lo que fue tu vida aquí en la tierra y de repente todas esas cosas dejan de preocuparme. Seré exitosa solamente si consigo que mi alma le sea agradable a Aquél que me ha dado la vida; seré exitosa si logro ganar la vida eterna que mi amado Jesús me tiene prometida, ésto no significa que no tenga que esforzarme por hacer bien mi trabajo, tampoco que no intente superarme aprendiendo cosas nuevas, no.

Ser exitoso significa saberme pequeña ante el Creador, ante Aquél que un día quiso que yo existiera y me regaló la vida; significa reconocer que lo que pueda conseguir con el esfuerzo de mi trabajo, se lo debo a Él únicamente. Yo soy nada y Él lo es todo, lo que tengo, lo que soy y lo que seré, se lo debo a Él y a nadie más que a Él; es reconocer que aun cuando de todo de mí y me sacrifique para conseguir algo anhelado, en últimas el resultado depende únicamente de lo que Dios quiera concederme, existen muchas personas que aun trabajando y sacrificándose el doble, nunca logran ni la mitad de lo que Dios, en su infinita generosidad, me ha permitido lograr.

¡Que injusto! Dirán algunos, ¿por qué le da a algunos y a otros se les niega? ¿Por qué hay tantos que sufren y tantos que ríen? ¿Dónde está Dios? ¿Qué clase de Dios es éste que permite tantas injusticias? Mi única respuesta es silencio, ¡no lo sé! lo único de lo que estoy segura es de que jamás, por más inteligente que sea el ser humano, jamás podrá entender a Dios, pues nuestro Creador nos ha llamado a la vida para amarle, no para entenderle ni mucho menos para juzgar las misteriosas y maravillosas maneras en que Él nos ama a todos.

ENTREGAR LA VIDA POR TI

Mi amado y adorado buen Jesús, buenos días quiero contarte algunas cosas que me han pasado estos días. Como sabrás, vi la película de san Pedro apóstol, me conmovió tanto, que al final me embargó la tristeza y decepción de saber y sentir que yo muy probablemente moriría de miedo de tener que dar la vida, por Ti, por la fe.

Me estaba preguntando por qué es que le tememos tanto a la muerte del cuerpo; por qué es que nos aterra la idea de padecer dolor; también me pregunto, cómo es que tantos santos mártires han dado su vida y aun en medio de ese "darse" no tienen rabia en su corazón hacia aquellos que les martirizan, es el espíritu santo sin duda alguna, que los llena y les da esa valentía de ir a la muerte confiados en que ese instante de dolor, les traerá la más bella recompensa en tus brazos.

Señor, yo quiero ser valiente como esos santos, yo quiero dar, gastar y entregar mi vida por Ti, por tu amor, yo no quiero simplemente morir sin la certeza de que mi vida haya sido luz para alguien. No quiero morir con el cuerpo joven, acostumbrado a la comodidad y lleno de las banalidades del mundo. No quiero Señor, que mi muerte sea para Ti, el final de la vida de alguien que nunca entregó su ser por Aquél quien es todo amor, no quiero que tu preciosa sangre haya sido derramada en vano por mí. Cuando llegue la hora de mi muerte terrena, quisiera Señor, que minutos antes de entregarte mi espíritu, mi corazón esté lleno de amor hacia Ti y de inmensa gratitud por la vida que inmerecidamente me regalaste.

Quiero, Señor, morir a mi misma, a mi soberbia, a mi envidia, a mi miedo; quiero como Tú lo hiciste, Padre, dar todo de mí, por agradarte, por llenarte de alegría aun en medio de la tristeza que te causa la indiferencia de tus hijos. Imagino el momento de mi muerte y me aterra, mi Jesús, llegar ante tu presencia con las manos vacías, dime Tú, Señor ¿cómo puede esta hija pequeña, frágil, pecadora, temerosa y cobarde servirte, ¿cómo? A veces me gustaría tanto hacer cosas grandes, pero de inmediato me detiene la cobardía y me recuerda que no soy buena para hablar, para atraer a las personas, para emprender cosas nuevas. ¿Es posible, Señor, que sea tan sumamente pusilánime? Bueno, dejaré de preguntar por qué y abandonaré todo en tus manos.

Tú creaste a tus hijos con dones diferentes, mi problema, Señor, es que me cuesta usar esos dones para Tí, para atraer almas a la fe. Cuando pienso en lo cobarde que soy, me descubro tan parecida a Pedro, y eso me reconforta porque si aquél que negó a su maestro tres veces e intentó huir de la muerte con la que te daría gloria, si con la fragilidad de este hombre, Tú creaste una iglesia, no veo por qué no puedas hacer algo con esta pobre y pecadora hija que te escribe estas palabras.

No es mi intención ser reconocida o grande como tu apóstol san Pedro, claro que no, mi intención es llegar a ser tan pero tan pequeña y que, en esa pequeñez y simplicidad, pueda yo, como santa Teresita del niño Jesús, ser grande para Tí. Te suplico Señor que tomes mi miedo y mi fragilidad y hagas con ellos que esta pequeña alma glorifique tu nombre con su existir, con pequeños actos de amor, quizás invisibles o inútiles para el mundo, pero que para tus ojos sean grandes, no porque sean actos heroicos, sino porque por la simplicidad del amor que hay en ellos, conquisten tu amado corazón y me hagan merecedora de ser motivo de tu sonrisa.

CUANDO ME LLAMES A TU PRESENCIA

Señor, hoy quiero reflexionar e imaginar como sería el último día de mi vida. No le temo al hecho de morir, pero sí de presentarme ante Tí y ver la historia de mi vida con tus ojos, lo haré a modo de cuento:

Hace frío afuera, la nieve no ha dejado de caer y llenar todo con su blanca y helada presencia y sin embargo, dentro de la habitación, se siente el calor de un alma que está a punto de partir a la casa del Padre.

Ella duerme tranquila, aunque por momentos el dolor le hace abrir los ojos y posar su mirada en la cruz que está en el pequeño altar frente a su cama. El dolor es fuerte y sin embargo deja de serlo cuando sus ojos se encuentran de frente con el cuerpo destrozado del crucificado, entonces se da cuenta que ese dolor no significa nada al lado del dolor de Él.

Cierra los ojos y retrocede años atrás cuando era una niña, quizás aun era un bebé; en la imagen ve las manos de

78

su madre acariciándola con ternura, con ese amor desmedido que solamente ella sabía dar. En esas manos descubre el amor del Padre, de Aquél que un día pensó en ella y que decidió regalarle la vida, esa vida que dentro de pocos momentos se extinguirá y dará paso al momento que ella ha anhelado toda su vida desde que lo conoció a Él. Le es imposible que una lágrima se deslice por sus mejillas al saberse amada y anhelada por Aquél que lo es todo y que en su grandeza quiso hacerse pequeño para que ella lo conociera; descubre de esta manera que todos los momentos de su vida estuvieron marcados por la constante súplica de este mendigo de amor que solo le pedía que lo amara.

Lo vió el día en que lloraba desesperada buscando la voz de su madre, al sentirse separada de su cuerpo al nacer. Allí estaba Él, el Rey de reyes, mirando con ternura a aquella diminuta criatura que llegaba a la vida. También lo vio sonreír cuando dijo sus primeras palabras y daba sus primeros pasos inseguros, siempre de la mano de mamá. Ella lo miraba y no podía creer como su Señor había estado con ella siempre, en todo momento y en todo lugar, aun en aquellos días tristes de soledad y amargura.

Allí estaba aquella alma respirando con dificultad en medio del dolor que contraía su rostro, pero al mismo tiempo sonreía, nunca imaginó que su vida, tan insignificante para ella, pero tan grande para su Creador, valiera tanto y fuera tan importante que ni con todo el oro del mundo podía comprarse, solamente con la sangre de Aquél que le dio la vida.

Quizás una de las visiones más hermosas, fue aquella cuando a los 12 años y vestida toda de blanco, ligero como el viento y suave como un sueño recibió a su Señor por primera vez, y su alma quedó tan transparente como cuando acababa de llegar al mundo. Su Señor se gloriaba en aquella pequeña que con amor lo recibía en su casa y que deseaba ser su sagrario favorito.

Afuera sopla el viento helado que no ha dejado de congelar todo con su aliento glacial, esta alma pasa de la sonrisa a la tristeza, como si de repente ese viento helado hubiera apagado la luz en su corazón. Su frente se contrae y parece que quiere llorar, busca presurosa la mano inmediata de aquél que ha velado su sueño desde que su cuerpo empezó a prepararse para este viaje. Allí estaba esa mano tan anhelada, a la que se aferraba como si de ella dependiera el dejar de ver lo que tanta tristeza le había provocado. En su sopor ve con tristeza como ese vestido blanco que vistió aquel maravilloso día, se volvía lentamente sucio y despreciable. En un instante todo lo que era puro y transparente se llenó de horribles manchas que convirtieron aquel hermoso vestido en un trapo viejo y repugnante. Entonces, vio a su lado al Rey, pero ya no se veía hermoso e imponente, se le veía triste y que lloraba con las manos en su rostro; lo vio deformado, lleno de sangre, de salivazos, pero sobre todo lleno de dolor. Su hermoso semblante ya no estaba, era como si se hubiera convertido en otra persona, es más creyó confundirlo con un sucio mendigo.

La mano que sostenía la suya percibió ese dolor y desesperadamente intentaba tranquilizarla. ¿Qué te he hecho, mi Señor? Fueron las palabras que con dificultad salieron de sus labios agrietados. Llegó entonces alguien que no pudo ver quien era, esta persona tomó un paño blanco y con él, limpió con ternura y veneración el rostro del Rey, y poco a poco su rostro volvió a ser el mismo rostro hermoso de antes y para su sorpresa ya no lloraba sino que le regalaba una bella sonrisa.

¿Pero qué ha pasado? Se preguntaba ella, ¿quién eres tú? Se dirigió a esta persona que hacía un instante había limpiado el rostro del Rey. Ella no dijo nada, simplemente se volvió hacia esta alma y descubrió su rostro ante ella. Entonces recordó y en su memoria llegaron todas esas horas en que a la luz de las velas le regalaba rosas a aquella hermosa mujer, en su rostro reconoció aquellos ojos hermosos que la miraban todas las noches desde el cuadro que su mamá

le había regalado. Era ella, hermosa, pura, inocente, inconfundible, era aquella joven muchacha que muchísimos años atrás había aceptado llevar en su vientre a Aquél que los cielos no pueden contener.

Era ella, la santa madre que por mucho tiempo había anhelado ver, llegaba con su presencia a cambiar el llanto de su hijo en alegría, ella, que no podía olvidar la promesa que le había hecho a aquella pobre alma en el silencio de la oración y la contemplación. Ya no necesitó más de aquella mano que sostenía la suya porque entonces era la mano de aquella hermosa mujer a la cual se aferraba.

Afuera el viento incrementaba su aliento glacial llenando todo de nieve y sometiendo a los árboles por donde pasaba, pero adentro, el calor aumentaba, aquella pobre alma ya no estaba sola, estaba en las manos de quien le enseño al Rey de reyes a dar sus primeros pasos, estaba con la madre celestial. Una última sonrisa se dibujó en su rostro contraído por el dolor, su cuerpo se hizo pesado y liviano a la vez, aquella pobre alma se dirigía de la mano de

María a los brazos del padre.

SOLO TU, MARIA

Afuera los pajaritos no han cesado de revolotear y llenar el aire con su alegre canto; el sol resplandece e ilumina todo a su alrededor con su majestuosa luz y calienta el aire con su tibio aliento; parece un día normal, los habitantes de aquella ciudad se apresuran con sus labores diarias, caminando de aquí para allá siempre con la compañía de sus animalitos traviesos y juguetones.

Aunque parezca un día normal, no lo es, en este día, se va a llevar a cabo el prodigio más grande del universo. Dentro de una humilde casa una muchacha muy joven se recoge en oración, está de rodillas frente a un pequeño y sencillo altar adornado con florecillas blancas y unas cuantas velas. El viento que tímidamente se cuela por la ventana roza el velo blanco que cubre su cabeza y mece con gracia sus largos cabellos; pareciera que este viento aventurero quisiera de alguna manera, ser parte de este solemne momento.

Las manos de esta joven mujer, blancas como las florecillas del altar, están juntas y de vez en cuando tocan su rostro; lleva de rodillas en esta misma posición, alrededor de una hora, tiempo durante el cual su alma había estado transportada y reposaba en los brazos del Padre. Entonces, de repente el lugar es iluminado de una manera tan incandescente, que pareciera que el sol hubiera entrado todo completo en este cuarto. Esta luz le hizo abrir los ojos de repente, era como si hubiera despertado de un largo sueño y ahora volviera a la realidad.

La expresión en su rostro cambió y una sombra de sorpresa le hizo levantar su rostro hacia aquella luz, debió ser muy hermoso lo que vio y escuchó pues en sus labios se dibujó toda la alegría del mundo; acto seguido asintió con la cabeza y un rayo de luz penetró su vientre así como cuando los rayos del sol pasan a través de una ventana sin dañarla, casi sin siquiera tocarla y sin embargo, la llenan por completo de luz y calor. Sus manos tocaron su vientre con alegría y veneración entonces, se incorporó y salió de esa habitación, algo en ella había cambiado, sentía como si Aquél en el cual descansaba en oración, ahora fuera parte de ella.

Todo afuera también había cambiado, el sol que había sido testigo mudo de ese momento, había decidido mirar a aquella joven de una manera diferente, había entendido que ella no era una muchacha común y corriente, había algo en ella que lo extasiaba, que lo maravillaba. A su vez el viento que minutos antes había osado mecer su cabellera, soplaba con cautela y se le acercaba temeroso, como cuando una mariposa se posa con suavidad en una rosa para no maltratar sus pétalos con el mínimo movimiento.

¿Qué vio en ti, dulce madre, El padre para querer que tú fueras el primer sagrario viviente? Tú, una muchacha tan joven, casi niña, sencilla, delicada, humilde, quizás para los demás no eras nada más que una simple jovencita taciturna que andaba por el mundo ligera como una hoja e invisible como el viento, pero para El Señor, eras todo lo que buscaba, eras aquella criatura que con sus manos cuidaría al Salvador. Te imaginó así, es más, siempre quiso que tus ojos fueran el espejo del pequeñito Jesús, esos ojos que Jesús buscaría cuando sintiera soledad y que al mirarlos viera en ellos la majestuosidad y pureza del cielo. Serías llamada bienaventurada no porque tú sintieras que con todas tus virtudes lo merecieras, sino porque en la humildad de tu alma, tú eras una simple esclava dispuesta a hacer la voluntad de tu Señor, aunque no entendieras aun la grandeza de tu misión.

Me pregunto madre mía, si en ese momento en que te visitó el ángel y que no dudaste en aceptar lo que se te pedía, eras consciente de todas las dificultades y dolores que atravesarían tu inmaculado corazón, pero de lo que sí estoy segura es de que si bien no consideraste ese inmenso dolor, sí sabías la inmensa alegría que inundaría tu corazón al sentir al pequeñito Jesús dentro de tu vientre.

Desde ese entonces empezaste a soñar con tu bebé y desde ese momento el latido de tu corazón se compaginó tanto con ese pequeño corazón, que ya no concebías tu vida sin la vida del pequeñito Jesús; te pasabas las horas acariciando tu vientre con ternura dibujando sin lápiz ni papel los rizos inquietos de su cabecita, sus mejillas sonrosadas, sus manos de dedos gorditos y pequeños, sus pies, aquellos pies cuyos pasos seguirías treinta y tres años más tarde, recogiendo con dolor y adoración infinita, las gotas de su sangre camino al calvario. Sí María, tú sin saberlo estabas preparando el mundo para tu pequeñito y aunque deseabas cubrir su sendero con rosas para que sus pies no se lastimaran, nosotros estábamos fabricando los clavos que lo crucificarían y la lanza con que su santo costado sería abierto, y de paso, preparábamos para tí, las horas más amargas de tu vida.

Cuánto amor hay en tí, María, con cuánta veneración esperabas ver el rostro de tu bebé, escuchar su llanto, mirarte en sus ojitos pequeños, tocar sus deditos, con cuanto anhelo preparabas sus pañales y la cunita donde dormiría, sin saber que El Padre tenía otros planes para el nacimiento de tu bebé.

Te has puesto en marcha oh María, veo tus pasos recorrer varios kilómetros bajo el sol incandescente y la luna solitaria en noches llenas de estrellas, era como si hubieran reconocido al Rey que dormía en silencio en tu vientre y desearan con su luz iluminar el camino del primer sagrario viviente. Qué hermosa te ves, María, a la luz de la luna que sigue tu andar admirando en ti algo nuevo que no había visto antes y que no lograba descubrir lo que era sin embargo, a Isabel le bastó escuchar tu voz para reconocer que la madre del Rey había llegado a su casa; te recibe con un abrazo y con maravillosas palabras que hacen que tus mejillas tomen prestado el color de las rosas, te da la bienvenida y es entonces cuando de tus labios escapa la más hermosa alabanza al Señor, reconociéndote una vez más como su esclava, nada tomas para tí, María, no hay en tu corazón la más mínima sombra de orgullo o vanidad, tu dignidad pertenece al Señor, únicamente a Él.

Sonríes y tu sonrisa, María, llena la tierra, el cielo, todo el universo gira en torno de Aquél a quien los cielos no pueden contener y que más sin embargo quiso que fuera tu vientre, ese lugar sagrado para hacerse pequeñito y débil, así como nosotros. Él quiso que fueras tú y nadie más que tú, quien le diera su sangre, sus rasgos físicos, su temperamento, porque todo lo que es Jesús en su parte humana, proviene de tí, madre. Me pregunto entonces, ¿no tenías tú que ser una mujer excepcional para llevar a cabo tan maravillosa misión? El Señor te escogió, María de entre todas las mujeres y te llamó llena de gracia, porque solamente un alma pura como la tuya habría podido traernos a Aquel pequeñito que es la luz del mundo, solo tú María, solo tú.

MI NOCHE OSCURA

En la barca estabas, Jesús y yo no te veía, dentro de mi alma solamente había miedo e incertidumbre, me decía a mi misma que todo iba a estar bien, que la tormenta pasaría de un momento a otro, sin embargo, ésta se prolongaba hasta el punto de consumirme en la desesperanza. La oscuridad llenaba mi noche y el frío se metía en los huesos queriendo doblegar mi voluntad; el silencio era lo único que podía escuchar, entonces me levanté de mi barca y te llamé: Jesús, una y mil veces pero no respondiste a mi llamado, era como si estuviera sola en el desierto y la sed me secara la boca, ya ni lágrimas bañaban mis ojos, mi ser se secaba de a poco mientras en mi corazón la noche era protagonista.

En momentos de lucidez me incorporaba para hacerle frente al viento, pero lo único que conseguía era que éste me arrastrara lejos, muy lejos del mundo, lejos de mi realidad. Quería gritar y no podía, las palabras se desvanecían y en cambio sólo lograba emitir ruidos tan lastimeros que embargaban de compasión incluso al cielo oscuro que cubría mi barca. Sola, en la inmensidad de la noche sin más compañía que mi alma atribulada, me arrastré a la proa en un intento en vano porque la oscuridad tuviera compasión de mí y me permitiera ver a donde me dirigía, pero todo lo que vi fue más oscuridad y el ruido del viento que golpeaba las olas que salvajemente movía mi barca de un lado a otro, como si quisiera consumirla con su boca de fiera hambrienta, me recordó que esa era la gran noche de mi alma y que si quería vencerla debía ser paciente y no rendirme.

Pero ¿cómo soportar tanta desesperación y vacío si ni siquiera podía ver donde me encontraba ni a qué me enfrentaba?, era como si todos los temores de mi niñez unidos con los del mundo entero se reunieran y quisieran aplastarme y aniquilarme, así como se aniquila aquello que sobra, que estorba. Esa era yo, era la suma de todos mis miedos pasados, presentes y futuros, sólo que me parecía que muchos de esos miedos no me pertenecían y que se empeñaban en acabar conmigo aun sin conocerme; pero sí me conocían, ellos sabían todo de mí, sabían por ejemplo que de niña me aterraba quedarme lejos de mi mamá, de su maternal abrazo; sabían de mi temor a no ser amada y aceptada por los demás; sabían de mi miedo a la soledad y al abandono de Aquél que me ama tanto aun sin merecerlo; la arquitectura de mi alma la tenían muy bien definida, era yo quien me negaba a reconocerlos para no hacerles frente. Pero el momento había llegado y debía abandonarme a mi realidad aun cuando me estuviera enfrentando a mi peor enemigo: yo misma. Pero ¿cómo se supone que uno pelea contra uno mismo? ¿Cómo es que debo enfrentarme a todo aquello que ha vivido en mí y que ha definido a la mujer que ahora soy? La respuesta no tardó en llegar a mi como un regalo de esos que no esperas y que te sorprenden con lágrimas en las mejillas y con el corazón rebosante de alegría.

En ese momento comprendí la razón por la cual era yo y no otra mujer, el resultado de todos esos miedos y la que en medio de su noche oscura luchaba por no dejarse vencer; comprendí que era ahora que debía poner fin a aquella coraza de hierro que mi corazón había forjado para evitar ser herido. Dentro de mí, escuche una voz que me dijo: ¿de qué te sirve el corazón si lo resguardas de la tormenta? ¿Acaso, puede un corazón endurecido que no ha aprendido a amar, abrirse al amor mismo? ¿Cómo puedes amar si no conoces al amor? Caí de rodillas bajo el cielo oscuro que cubría mi barca, no comprendía en qué momento había guardado mi corazón solo para mí, para mis placeres, para mi egoísmo entonces, como si se hubiera abierto el cielo en dos, me fue revelado ese amargo momento en que decidí decirle no al amor. De repente se abrieron mis ojos y vi todo de manera diferente, era como si el Amor me hubiera prestado sus ojos, mi barca empezó a moverse más violentamente intentando lanzarme lejos en el horizonte, entonces una vez más clamé al Señor, pero ya no con desesperación, sino con la confianza con la que un recién nacido busca los brazos de su madre para fundirse en su pecho y dormirse con los latidos de su corazón. Clamé, grité: "Jesús despierta que me hundo", y allí estaba Él, durmiendo placenteramente en mi barca mientras esta parecía naufragar; ¡Jesús! grité una vez más: ¿acaso no te preocupa que me hunda? Entonces, mis ojos se encontraron con los suyos y pude verme en ellos, y descubrí que a pesar de mi estado tan lastimero, en sus ojos me veía hermosa, como si nunca hubiera sentido miedo, como si mi barca nunca hubiera estado sumida en la noche oscura, me miró, y me tendió su mano, comprendí que había vencido, que había logrado morir a mí, a aquella mujer que fui y a la cual pertenecían todos esos miedos que esa noche habían intentado avasallarme. Él siempre estuvo ahí, conmigo, en mi barca, esperando pacientemente a que yo decidiera quitar la coraza de hierro de mi corazón y se lo entregara solamente a Él.

LA MUERTE

¿Por qué le tememos tanto a la muerte? Señor, ésta es mi pregunta el día de hoy. ¿Por qué nos aterra que nuestros familiares mueran a tal punto de querer no pensar en ese momento? Celebramos la vida, un nacimiento, un cumpleaños y sin embargo cuando la muerte toca a nuestra puerta nos llenamos de tristeza, de dolor, de amargura. Me he preguntado por qué es que le tememos tanto, por qué si es algo inevitable así como el paso de los años que deja huellas en nuestro cuerpo, no aprendemos a aceptar que más tarde que temprano va a llegar y que ni con todo el oro del mundo o con toda la inteligencia humana, podremos retrasar un solo segundo de su temida presencia.

Recuerdo que cuando era niña y debía ir a un funeral, el rostro de aquella persona rodeada de flores se quedaba en mi mente y me quitaba el sueño; a menudo imaginaba que esa persona venía a verme y me era muy difícil ignorar ese sentimiento de miedo. "hay que tenerle miedo a los vivos y no a los muertos" me decían, pero en mi mente infantil, no lograba disipar ese temor infundado, es más, llegué a sentir tanto fastidio por el olor de las flores y velas, que cada vez que ese olor llega a mi, mi memoria olfativa me lleva inconscientemente y sin poder evitarlo, a esos momentos temidos de mi niñez. ¿Pero por qué yo sentía todo eso si nadie me lo había enseñado? Creo que se trata simplemente de ese instinto humano que nos llama a preservar la vida a toda costa.

Hoy, miro atrás y recuerdo esos momentos con una sonrisa en los labios, cuántos miedos infundados, cuánto tiempo y esfuerzo gastado inútilmente en hacernos sufrir a nosotros mismos. La mujer que escribe ahora, si bien nunca ha experimentado la muerte de un ser querido muy cercano, a los cuales yo les llamo padres, hermanos y sobrinos, ha pensado mucho en ese momento y en ocasiones ha tenido incluso la osadía de querer vivirlo. Si Tú Señor, me concedieras en esos momentos de locura este deseo, mis manos estarían completamente vacías y no tendría mayor cosa que ofrecerte a cambio de la vida que me has regalado en tu infinita bondad.

La muerte no distingue edad, sexo, condición social, nada, simplemente llega y su misión es llevarnos de vuelta al lugar donde verdaderamente pertenecemos: a tus brazos de padre. Si este es el lugar a donde vamos, ¿por qué es que no queremos morir? Nadie piensa en su propia muerte, si lo hiciera, al igual que los santos viviríamos el resto de nuestras vidas en oración, penitencia y sacrificios. Cuando muere un ser querido lo lloramos tanto que muchas veces son esas lágrimas y ese dolor lo que le impide a esta persona llegar a su destino eterno; es nuestro egoísmo de sabernos abandonados y sobre todo la certeza de saber que no volveremos a ver su rostro o escuchar su voz. ¿Acaso no creemos en la vida eterna? ¿Acaso lo que muere no es solamente el cuerpo? Muy difícil es, oh, Señor aceptar que este cuerpo no es otra cosa que solo materia, que se descompondrá y se volverá polvo, se volverá nada. ¿De qué le sirve al hombre adornar su cuerpo, pasar horas en gimnasios, vestir los mejores trajes, comer solamente comida saludable, si ese cuerpo en menos de 24 horas una vez el alma lo abandone, empezará su proceso natural de descomposición? ¿A dónde se van esos músculos fuertes, ese abdomen plano, esas piernas firmes y esbeltas? ¿Y si nos preocupáramos por el alma como nos preocupamos por el cuerpo? Si bien el cuerpo es el templo del espíritu santo y se le debe cuidar y proteger, también es cierto que lo que queda, lo que permanece es el alma. Un cuerpo bonito y una cara hermosa perderán todo aquello de lo cual es motivo de vano orgullo con el paso implacable del tiempo, pero el alma que es hermosa será hermosa siempre porque es lo único que no muere, que no perece.

¿Pero qué es la muerte? La muerte es simplemente una estación a la cual todos sin excepción arrivaremos y cuando ese momento llegue, el tren se detendrá en la estación señalada y tendremos que bajarnos, con nosotros no llevaremos otra cosa que el amor entregado y recibido. Al descender de este tren, la vida en la tierra será solamente un momento pasado, una hoja más en el viento, un ocaso más en el firmamento. Llegaremos y emprenderemos un nuevo camino ya sin el dolor al que nuestro cuerpo nos ataba, sin tristeza, sin llanto y el alma al experimentar tal estado de amor absoluto, no querrá regresar, no querrá mirar atrás.

Las enfermedades, los problemas, la tristeza, el llanto, todo aquello que nos doblega y que parece que quebranta el alma y que nos llama a la desesperación, al miedo, a la incertidumbre, serán solamente un recuerdo lejano y quizás hasta sonriamos al descubrir todos los miedos infundados y creados por nuestra limitada humanidad. El alma que amó al Padre por encima de todas las cosas y que supo llenar sus manos con el hambre de los más pobres; con las lágrimas de los que sufren; con la falta de amor de los que tienen sus bolsillos llenos; con la soledad de los ancianos olvidados; con la tristeza de los niños abandonados; con la incomprensión de los jóvenes solitarios; con el grito silencioso de los niños arrancados del vientre de sus madres; con la desesperanza de los que han tenido que abandonar su patria, su familia, su hogar y con el dolor de las heridas de tantas almas rotas que mendigan amor, esta alma tendrá un lugar en aquel reino maravilloso, porque supo hacer de su vida una canción de amor para el Padre, porque gastó sus días y dio su vida con la única intención de coronar al Padre con la gloria que Él merece y porque a diferencia de muchas otras almas, entendió que su vida no le pertenecía, que le había sido prestada para darla al hermano. Entrará al cielo con una sonrisa en los labios porque sus manos no fueron suyas, sino del Padre que se valió de ellas para amar a aquellos por los cuales Él ofreció su vida sin condiciones.

LA FE

¿Sábes Señor? Hoy he pensado que, a lo largo de mi vida, todo lo que me ha sucedido y las personas con las que me he encontrado en el camino, ha sido una manera muy sútil tuya de enseñarme lo que es la fe. Cuando se piensa en esa palabra, inmediatamente se relaciona con algo religioso, y por eso muchas personas intentan borrarla de su vocabulario. ¿Para mí qué es la fe? Bueno, intentaré en mi limitado conocimiento y pequeñez, y a partir de mi experiencia y la de algunas personas cercanas a mí, darle un significado a esta palabra.

Cuando digo esa palabra, pienso en las madres que pacientemente esperan durante nueve meses a una personita que lentamente se desarrolla dentro de sus cuerpos. La aman porque sí, aun sin haberla visto, sin saber como serán sus ojos, su cabello, su tono de voz; pasan horas acariciando sus barriguitas soñando con el rostro de sus bebés y alistando todo para su llegada. Su fe se construye en todos esos

97

momentos de quietud y llega a su total plenitud cuando de entre sus cuerpos, emerge el milagro de la vida. Es como si con cada palabra, con cada canción susurrada, el alma de ese bebé tomara la forma del corazón de su madre. Esta es la razón por la cual el vínculo madre e hijo permanece mucho más allá de la muerte física, porque su pequeño corazón toma el latido del de su madre, en cuya memoria y por amor a ese pequeño que tomó forma en su vientre, lo llevará para siempre hasta el día en que vuelvan a fundirse en ese abrazo esperado en la patria celestial. Es la fe, la que hace que el amor de una madre pueda ser comparado con el amor de Dios, aunque el de una madre sea, aun en toda su plenitud, solo un pálido reflejo del amor de Dios.

Pienso también en las aves del cielo. Cada día se levantan a buscar su alimento, como dice la palabra, no trabajan, no siegan y sin embargo El Padre siempre les regala su pan de cada día. Ellas no se detienen a pensar si encontrarán pajitas para construir sus nidos, si hallarán semillas para alimentarse, si sus polluelos tendrán todo lo necesario para vivir, ellas simplemente viven el hoy con la mirada puesta en el firmamento y las alas elevadas al cielo.

Pienso en la majestuosidad de los árboles. En el invierno parece que la fuerza del aire y la nieve quisieran doblegar sus ramas. A simple vista parecen agobiados, doblados por el dolor cuando la tormenta con su presencia los mueve de un lado a otro, cubriendo todas sus ramas con tanta nieve al punto de robar el verde de sus hojas y la riqueza de sus frutos. Sin embargo, cuando el invierno anuncia su helada partida, llega el verano y la primavera con su rumor de pajarillos y volar de mariposas, descubriendo poco a poco aquellas ramas débiles y marchitas que parecía que nunca más volverían a servir de refugio para las aves y que jamás darían fruto. Toda la naturaleza se empieza a recuperar del inclemente frío invernal y cuando menos lo imaginamos, aquellos árboles que parecían estériles, vuelven a la vida, y los pajarillos vuelven a sus ramas con sus pajitas para hacer sus nidos en un murmullo de alas y hermosas melodías. Y entonces pensamos que todo esto pasa porque sí, porque así es la naturaleza, yo por mi parte quiero creer en la cándida idea de que aquellos grandes arboles vuelven a la vida gracias a la fe de aquellos pequeños pajaritos que cuentan los días helados, para que el aliento tibio del viento de verano le regrese la vida a aquellos árboles.

Encuentro fe también en todos aquellos ancianos olvidados por sus hijos. Sus ojos tristes saben contar las mejores historias que algún día fueron alegres y de las cuales ya no queda más sino el recuerdo. El recuerdo de aquellos días en que enseñaron, de la mano y con mucha paciencia, a sus hijos a vivir. Cómo no ver fe en esas manos arrugadas, testigos mudos del inevitable paso de los años, que ahora se mueven con torpeza infantil. Estos ancianos aun cuando lleven muchos años esperando ver de regreso aquellos hombres y mujeres en cuyas vidas escribieron los mejores poemas de amor, siguen allí ya no de pie, pero con la misma templanza de años atrás, pero ¿Qué los mantiene firmes ante aquella eterna espera? La fe, fe en que sus hijos algún día recordarán aquellos abrazos que tenían el poder de hacer olvidar las más horribles pesadillas; las manos que con gran amor curaron las heridas de sus rodillas laceradas; los labios que sabían siempre qué decir para ahuyentar la tristeza y la soledad de la adolescencia; los brazos fuertes que siempre estuvieron abiertos al perdón; Aun cuando su mente muchas veces viaje a muchos lugares desconocidos y aunque lo que más deseen es olvidar aquél momento cuando en medio de lágrimas suplicaban que no los dejaran en aquel lugar a donde se lleva lo que ya no sirve, lo que estorba, ésta se empeña en conservar intacto ese recuerdo que tanto ha llenado de tristeza sus vidas. Aquellos hombres y mujeres siguen allí, esperando a que un día no muy lejano sus hijos a quienes les regalaron los mejores años de sus vidas, regresen y les devuelvan, aunque sea con un abrazo, todas aquellas horas de amor eterno, si esto no es fe, entonces ¿quién podrá decir lo que en realidad es?

En mi vida diaria, veo la fe en todas partes: en la esperanza de un nuevo día, en esa oportunidad que nos regalas, Señor de vivir un día más, en las palabras amables del hermano, en la sonrisa de los niños, en la inocencia de los animalitos, en el frío de la nieve, en el calor del verano, en la belleza de las flores. Pero sin duda donde más fe encuentro aquí en la tierra, es en tu iglesia. Llego a visitarte como de costumbre y aunque generalmente te encuentro solo, me llena de alegría ver como poco a poco van llegando más almas a hacerte compañía, me postro ante Ti, ante esa cajita dorada que siempre tiene al lado una vela encendida, para aquellos que no lo saben o que no desean saberlo, no nos postramos ante una cajita que contiene pequeños pedacitos de pan. Nos postramos ante El Rey de reyes. Cierro los ojos y entonces con mi corazón te veo allí, Señor, en fe, aunque con mis ojos no te pueda ver, sé que eres Tú y que estás ahí. No basta solo con mirar a alguien para saber que está ahí o que existe, pues los ojos son solamente aquellas ventanas que solo ven lo superficial, aquello que sin la fe no se podría ver. Me quedo ante Tu presencia en silencio y cuando te recibo se abre ante mí un mundo diferente, como una dimensión en la cual no estoy más en mi cuerpo. Me muevo con la mente, mi cuerpo está en frente del altar, nadie se ha dado cuenta que ya no estoy ahí; me llevas en tus brazos y me das a conocer una pequeña parte de lo que será mi vida cuando me llames a tu presencia y entonces Señor, me abandono en Ti y en ese regalo maravilloso que me regalaste cuando me hiciste hija tuya en el bautismo: la certeza de creer con el corazón en lo que mis ojos no pueden ver.

DESCUBRIR AL SEÑOR EN LA ORACION

Buenos días Señor Jesús, hoy hablaré acerca de las tres excusas que nosotros tus hijos ponemos para no hablar contigo por medio de la oración. Hace unas semanas el padre en la Eucaristía habló al respecto y decidí profundizar un poquito más en el tema, teniendo como referencia mi experiencia personal.

Son muchas cosas las que tenemos en la cabeza y que nos acompañan todos los días a toda hora, como una presencia invisible que nos atrapa, nos absorbe. El día tiene 24 horas y sin embargo no nos alcanza para cargar con todas las preocupaciones, muchas de ellas imaginarias, que llevamos en el corazón. Recuerdo que en mi país mi día empezaba a las cuatro de la mañana y terminaba a las 10 de la noche en algunas ocasiones. Mi cuerpo era una especie de máquina creada para producir y producir. Tan pronto sonaba el despertador lo primero que hacía era hacerme la señal de la cruz, esa era mi oración para Ti, Señor, ya cuando fui madurando en la fe, oraba camino a la universidad en medio del bullicio de otros que como yo tenían que empezar a trabajar a esa hora. Recuerdo con mucha alegría aquellos cuadernos en los que decidí escribir en la parte de arriba de cada hoja mi oración favorita en esos tiempos: "Jesuschrist you are my life". Esta frase la robé de uno de los himnos de una de las jornadas mundiales de la juventud. Para mí el escribir aquella frase en cada hoja de mis cuadernos, era la manera como poco a poco me preparaba Señor, para entregarte mi vida. Esta canción es muy especial para mí porque estaba en el fondo de un video de San Juan Pablo II, aquél video que me mostró el rostro de Jesús por medio de este gran ser humano.

La primera excusa que ponemos es "Dios no me escucha". Cuando se tiene el alma llena de bullicio y de soberbia es fácil llegar a esta conclusión. Yo solía pensar lo mismo y me convencía que Él no me escuchaba porque simplemente no me daba lo que yo le pedía. Mi dios era un dios que se debía ajustar a mis caprichos y que si me amaba tanto como decían, tenía que darme todo aquello que yo le pidiera. Hoy me pongo a pensar que todo eso que yo le pedía y que ahora tengo, El Señor no me lo concedió cuando yo lo quería pues en su infinita sabiduría, Él sabía cuál era el momento indicado para darme aquello que mi corazón tanto anhelaba. Hoy miro atrás y revivo todos aquellos momentos desesperados en que yo sentía que Dios no me escuchaba y me avergüenzo de mí misma. He aprendido que Él Señor siempre tiene una respuesta para cada oración, que no sea la que nosotros en nuestro egoísmo queremos, no significa que no nos responda. La respuesta de mi Señor en ese momento era: "Sí, pero todavía no". A lo largo de mi proceso de conversión he reconocido sus respuestas y he aprendido a aceptarlas con humildad, pero cuánto tiempo no le tomó a mi corazón doblegarse ante su Señor e incluso, he de decir con vergüenza que aun hay momentos en los que me cuesta mucho aceptar su respuesta, especialmente si es negativa.

Mi Dios es un Dios vivo y está presente en todos los sagrarios de la tierra escondido en un humilde pedacito de pan. Cuántas lágrimas, desvelos e inquietudes me ha costado darle a mi Señor más del segundo que le daba cuando me levantaba a las 4 de la mañana. A veces cuando oro y cierro mis ojos, imagino que Él está ahí sentado junto a mí y me es difícil ahora, pensar que Dios es un Padre ausente y que no escucha a sus hijos. ¿Cómo no va a escuchar a aquellos por quien entregó su vida? ¿Cómo no va a escuchar a aquella madre que le pide por su hijo enfermo? ¿Cómo no va a escuchar a aquél que en medio de su desesperación se ha dado cuenta de su error y le pide perdón? ¿Cómo no va a escuchar a aquél jóven desesperado y hundido en la miseria cuando humildemente reconoce su ceguera? ¿Cómo no va a escuchar a aquél anciano que anhela ver a sus hijos una vez más? Nos escucha y está dentro de nosotros, Él es ese anhelo y esa búsqueda insaciable de felicidad que creemos que los placeres del mundo nos pueden ofrecer; Él es esa inquietud de amor que nada ni nadie puede llenar; Él es esa alegría que en medio de la tristeza dibuja una hermosa sonrisa en el corazón atribulado.

"Es que como no tengo una buena relación con mi padre, no la puedo tener con Dios Padre", es la segunda excusa de muchas personas para no acudir al Señor en la oración. No se puede comparar aquello para lo cual no existe punto de comparación. Si bien hay muchos padres santos que aman a sus hijos y que son ejemplo de honestidad y de amor, también hay aquellos a los que tristemente se les puede considerar como un donante nada más, un elemento que fue necesario para engendrar la vida de un nuevo ser humano. Dios padre da la vida por sus hijos, si ve que alguno se ha extraviado, corre a su encuentro de miles de maneras, nos llama, nos busca, nos espera, nos suplica que regresemos a sus brazos. En medio de nuestra búsqueda deja a sus otras ovejitas, porque la que se ha extraviado también es muy valiosa y amada.

He leído que el amor de un padre a veces es incomprendido y hasta considerado distante. Un padre no puede siempre llevar a su hijo de la mano en todo momento y hacer de su camino un terreno plano sin altibajos ni obstáculos, pues la misión de un padre es preparar al hijo para el camino, de lo contrario nunca va a ser capaz de caminar por sí mismo y enfrentar la vida con valentía. Muchas veces los hijos caemos, nos lastimamos las rodillas y con lágrimas en los ojos debemos seguir adelante recordando aquello que nuestro padre nos enseñó cuando nos llevaba de la mano. En momentos de desesperación cuando el recuerdo de aquellas enseñanzas no es más si no un punto distante y difuso en el horizonte, llega el Padre y con su ternura y firmeza nos levanta y nos da ese empujón necesario para seguir caminando. Que el padre permanezca a distancia de su hijo que cae, no significa que no lo ame, sino que en su sabiduría sabe que las caídas y las rodillas laceradas forjarán la voluntad y harán de sus hijos personas fuertes, capaces de hacerle frente a la adversidad. El Padre sufre más que el hijo con cada caída, con cada golpe y sin embargo muchas veces debe dejar que el hijo sufra estos fracasos, que tome decisiones equivocadas, pues no nos ha creado para que le amemos por obligación sino por la libertad que nos fue dada como un acto más de su infinita bondad, para que le amemos por convicción propia.

En aquellos momentos en que como Nuestro Señor Jesucristo en la cruz, nos sentimos abandonados, debemos recordar que nuestro Padre está ahí con nosotros, solo que está a la distancia mirándonos con ternura y esperando pacientemente a que al igual que Jesús, levantemos la mirada la cielo y clamemos su ayuda, su amor infinito, y aunque El Padre sabe lo que necesitamos antes que se lo pidamos, Él se glorifica en la oración de sus pequeñitas ovejas que reconocen su debilidad y acuden a su creador, a Aquél que siempre está ahí, esperando que recordemos que sin Él todo nos falta, nada somos, nada podemos hacer.

Nuestro padre terrenal pudo habernos fallado en algún momento, quizás muchos ni siquiera lo conocieron sin embargo, debemos siempre tener en mente y regocijarnos ante la certeza de que tenemos todos un Padre misericordioso y amoroso que todos los días apuesta por nosotros, que nos ama aun cuando no lo amemos, que nos busca aun cuando no querramos dejarnos encontrar, un Padre que nunca se cansará de tocar a nuestra puerta y de mendigar un poquito de amor; un Padre que al final de nuestra vida nos espera para llevarnos a ese lugar maravilloso en sus brazos que nos tiene prometido desde que pensó en nosotros cuando nos llamó a la vida.

Dios tiene muchos hijos y es apenas normal que los ame a todos, por lo tanto, no me siento que sea un hijo especial para Él. Ésta es la tercera excusa para no hablar al Padre en la oración. Siempre que recibo a Jesús en la Eucaristía y cierro los ojos mientras que su cuerpo, alma, sangre y divinidad se disemina por todo mi cuerpo, no puedo evitar sentirme tan pero tan amada, como si yo fuera la única en su corazón de padre. Muchos dirán que soy muy egoísta y prepotente al creer que su amor por mí es único y que Él no ama a nadie tanto como a mí. El sentirme amada de esa manera tan especial es lo que me ha ayudado a descubrirlo a Él en mis hermanos a quienes también ama de manera particular. Nuestro corazón humano, en su simplicidad, le cuesta mucho entender cómo es que Nuestro Padre puede amarnos a cada uno de sus hijos de manera única y especial.

Me encanta imaginar a Dios Padre de la manera como en un libro de español y literatura que yo tenía en quinto de primaria, presentaban la creación de las personas de mi departamento Santander. En mi entendimiento de niña, yo recreaba esa misma historia que leía en ese libro, con mi vida, con el momento en que Dios Padre me hizo entre sus manos. Pensaba yo, en todas las características que Dios puso en mí, como quien agrega ingredientes a una cena siguiendo de cerca una receta: una cucharadita de amabilidad, una pizca de paciencia, dos tazas de amor por los animales, una cucharada de pasión por los libros, tres cucharadas de sensibilidad, dos cucharaditas de amor por el silencio etc. El Señor nunca se equivoca y todo lo que somos nosotros no es más que el resultado del sueño de nuestro creador y la manera como vivamos la vida y usemos los dones que nos ha regalado, será la manera como respondamos a ese acto de amor único con el que nos ama a cada uno.

Yo no creo que Dios me escucha ni mucho menos me ama de una manera especial a mí, además con el padre que me tocó me basta y me sobra. Dejemos de poner excusas creadas por el miedo y por la astucia el enemigo para alejarnos del amor del Padre. Nunca sin importar cuanto le fallemos o le neguemos con nuestra vida, Nuestro Padre nunca va a dejar de amarnos particularmente con amor único e inmerecido; no se trata de qué hago yo para que mi Padre me ame, Él nos ama porque sí, sin merecerlo, sin que su amor esté condicionado a mis buenos o malos actos. Nos amó antes de llamarnos a la existencia, fuimos su sueño materializado en sus manos y definido por su infinita bondad.

SAN JOSÉ

Fue un hombre sencillo y humilde, trabajaba la madera con mucho esfuerzo y dedicación; sus manos ásperas y fuertes daban testimonio de todas las horas en que muchas veces con dolor, la madera sucumbía a la experiencia y sabiduría de este hombre apacible. Nunca quiso ser reconocido, su paso por el mundo sería corto, pero tendría un gran regalo que el padre celestial quería otorgarle, quizás en compensación por la manera austera y honesta como este hombre sencillo vivía su vida.

Había llegado hacía unas semanas a Nazaret buscando nuevas oportunidades para servir al Señor como lo había hecho hasta entonces a través de su trabajo de carpintero. A veces se quedaba en silencio con la mirada fija en el horizonte frente a él, lo que pasaba por su mente, era entre

109

él y su creador, y aunque no hablaba mucho, sus momentos más felices eran cuando en medio de madera, clavos y martillo, conversaba con Dios, como quien habla con un muy buen amigo.

Siempre fue un hombre misterioso, taciturno y muy tranquilo, para quienes lo conocían, no era como los demás, había algo en él que lo hacía diferente, precisamente sería esa diferencia la que lo hizo merecedor del más grande regalo que jamás hubiese imaginado: sería el padre adoptivo del Salvador del mundo y esposo de la santísima madre celestial. Dentro de sus planes inmediatos no estaba el conseguir una esposa y formar un hogar, por lo menos no hasta ese sublime momento en que sus ojos vieron a María por primera vez.

El ocaso se preparaba para pintar el cielo con los últimos rayos pálidos del sol para dar cabida a la luna y su multitud de estrellas. El aire empezaba a soplar con menos fuerza, pues ya no tendría que aliviar la calurosa presencia del sol; los animalitos a su vez corrían presurosos en busca de un lugar donde pasar la noche que se avecinaba; José había terminado sus labores del día y se disponía a guardar sus herramientas e irse a su casa. Entonces escuchó una hermosa voz que a lo lejos tatareaba una canción que nunca había escuchado, sintió curiosidad por ver el rostro de quien cantaba con tanta dulzura y cuya voz se confundía por instantes con el alegre canto de las aves nocturnales.

José la observaba desde la distancia cautivado por esa hermosa voz, desde ese momento se propuso averiguar su nombre para pedir permiso a sus padres para hablar con ella. No fue fácil obtener el permiso del padre de María para ser su pretendiente pues Joaquín sabía que su hija era esa florecilla del desierto que Dios le había regalado, por lo tanto quien la tomara como esposa debía ser un hombre excepcional. Ante la negativa del padre de María, Ana, su madre, no dudó en dejar a su hija, la última palabra. Salió corriendo José a toda prisa con una sonrisa en sus labios de saber que podría por fin presentarse a María y hablar con ella. La encontró sentada en una roca en silencio contemplando el cielo y las aves que se mecían con el viento; al verla por fin frente a frente, no pudo evitar perderse en los ojos de esta muchacha casi niña que lo miraba con timidez y que le ofrecía su mano. Se podía decir que ella lo estaba esperando, el alma de María era un mundo incomprensible incluso para sus padres sin embargo, José estaba dispuesto a ser parte de ese mundo que se le presentaba con una sonrisa en el rostro de su dueña; le bastó una sola mirada para descubrir que el alma de María aunque misteriosa, era tan transparente como el viento que movía sus largos cabellos y que agitaba su vestido rosa.

Desde aquel día, José empezó a trabajar arduamente en la construcción de la casa que sería la más hermosa que jamás había construido, pues albergaría a su amada esposa, aquella mujer que El Señor en su infinita bondad, le había regalado. Todo debía ser perfecto en aquella casa, pues la más hermosa de todas las mujeres le daría vida con su presencia y José no escatimaba ningún esfuerzo para lograrlo. Una tarde en que terminaba su trabajo, María le comunicó que debía partir a cuidar de una prima que necesitaba de su ayuda; una sombra de tristeza cubrió el corazón de José pues lo que más deseaba era que su prometida estuviera cerca para estar al tanto de la construcción de su futura casa. Sin embargo, María ya había tomado la decisión y fue imposible hacerla desistir de su idea de ir y ayudar a su prima.

Durante la ausencia de María, José trabajó sin descanso siempre con la sonrisa de ella grabada en su corazón. Por las noches, le gustaba mirar el cielo que cubría todo con millones de estrellas que inquietas titilaban ante sus ojos extasiados. Recordaba que cuando era un niño, su padre solía contarle historias fantásticas acerca de las miles de constelaciones que se aglomeraban en el firmamento. "Cada vez que veas una estrella fugaz, le decía, no olvides mandarle un mensaje a tu Padre que está en el cielo". El pequeño José sonreía con alegría al saber que aparte de hablar con Dios por medio de la oración, también podía enviarle mensajes por medio de aquellas inquietas estrellas mensajeras.

Unos meses después, cuando trabajaba en el techo de la futura casa, a lo lejos y en medio del sol de medio día José vio a María; no supo cómo bajó a toda prisa pues su corazón solo deseaba volver a tomar las manos de ella entre las suyas. Sin embargo, retrocedió perplejo ante lo que sus ojos veían, María rodeaba su vientre con sus dos manos sonriendo, en su rostro algo había cambiado, ahora era más hermoso, era como si las estrellas hubieran dejado su brillo en sus ojos, pero José no lo notó, sus ojos estaban fijos en el vientre de María. Se detuvo, sus pies no le respondían, se cogió la cabeza con las manos y retrocedió. No le permitió decir mucho, pues pensaba que no había nada que explicar, que todo estaba claro. Esa noche, José lleno de tristeza y confusión salió a mirar las estrellas como cuando era niño.

La noche había cubierto todo con su manto, el aire suave y cálido llevaba entre su aliento miles de hojas que ya empezaban a abandonar los árboles revelando poco a poco la desnudez de sus ramas; las cigarras empezaban a entonar sus alegres melodías atrayendo a las luciérnagas viajeras. José no entendía por qué María le había hecho eso, no lograba siquiera poner en palabras aquello que jamás imaginó de una mujer como ella, pues cuando vio sus ojos por primera vez supo que eran las ventanas de un alma pura que jamás lo traicionaría. El miedo y la duda crecían en el corazón de José a medida que sus pasos lo alejaban cada vez más de su casa, entonces recordó lo que su padre le había enseñado y dirigió su mirada al cielo, donde halló millones de diminutas estrellas que parecían haberse puesto de acuerdo para vestir de luz la oscuridad de aquella noche. Con profundo anhelo y fe recordando las palabras de su padre, se dirigió al Padre celestial con una simple e inocente plegaria, de esas que elevaba al cielo cuando aún estaba aprendiendo a hablar. Pero todo lo que recibió fue silencio, sólo se escuchaba el rumor de las hojas que se desprendían de los árboles con el viento.

Su corazón estaba triste y el cielo pareció sentir tanto esa tristeza, que quiso compartirla dejando caer sus lágrimas cristalinas alejando y apagando el alegre brillo de las estrellas. José no supo en que momento la oscuridad de la noche fue desplazada por una luz intensa de la cual emergía una voz que le invitaba a no tener miedo y de inmediato toda la tristeza y duda en el alma de José desapareció y lo comprendió todo.

Al día siguiente no dudó en ir en busca de María, la encontró en el lugar de siempre, mirando el cielo en silencio; no tuvo que decirle mucho pues ella, que guardaba todas las cosas en su corazón, siempre supo que José era el llamado a protegerla a ella y al Salvador. Tomó sus manos entre las suyas y aquellas manos blancas de porcelana tocaron por segunda vez las manos ásperas y gruesas que José le ofrecía, en un intento por borrar con su ternura todas esas horas de duda y confusión que turbaron su corazón. Ella las aceptó con alegría sabiendo que esas manos generosas la protegerían a ella y a su bebé, porque así lo había querido El Señor.

Qué grandeza vio en ti, José, el Padre celestial que nunca dudó de la nobleza de tu corazón aun cuando tú dudaste de María. Dios sabía que eras un hombre justo y que no había mejor padre terrenal que el pequeñito Jesús pudiera tener. Desde ese momento, junto a María empezaron los dos a soñar cómo sería la Palabra hecha niño y te propusiste a reivindicar tu duda inicial trabajando con todo tu ser para corresponder a la gran tarea de ser el padre adoptivo del Salvador del mundo.

Se han puesto en marcha José y María, de lejos se ve en medio del desierto a un humilde burrito que lleva sobre sí a la madre y a la Palabra hecha carne, treinta y tres años más tarde, el mismo Jesús habría de valerse de la humildad de este noble animal para dirigirse al lugar donde sería sacrificado. Estás cansado, José, has caminado todo el día bajo el inclemente sol que cubre la tierra; tus pies se resienten y marcan tus pasos con dolor, sin embargo, sigues adelante aun cuando ante tus ojos solo se vea desierto. La madre va en el burrito, por momentos ella también camina, pero su andar es pesado y lento y tú José, temes que en cualquier momento en medio del desierto, llegue el momento de recibir al Rey de reyes. Son muchos tus temores, José y sin embargo aun en medio de tu fragilidad humana, dentro de ti sabes que la presencia del buen Dios camina con ustedes.

Han llegado ya a la ciudad y te veo José corriendo de un lugar a otro tocando de puerta en puerta con el corazón agitado, buscando sin éxito un alma caritativa que les de abrigo. Pasan los minutos, luego las horas y te sientes impotente ante tanta falta de humanidad de quienes ignoran tu dolor de saber que tu esposa está a punto de dar a luz y que no tienes un lugar digno donde llevarla. Regresas a calmar a María quien agitada por la inminencia del parto descansa sentada al pie del humilde burrito, y es ella quien con su mirada te convence de que todo va a estar bien, porque el Padre del cielo está con ustedes. Después de buscar en vano, una mujer se te acerca y te ofrece una lámpara y un humilde lugar en una colina donde puedes llevar a María; sin dudarlo, tomas este lugar que si bien no es uno digno del nacimiento del Rey, por lo menos les ofrece un techo para protegerse del frío de la noche. En este lugar te encuentras con animalitos que parecen alegrarse al poder con su aliento calentar un poco el lecho donde nacerá el Redentor, no puedes evitar entristecerte al darte cuenta que estos animales muestran más humanidad y compasión que muchos seres humanos. Dispones el lugar y te apresuras a preparar el lecho para que María descanse, ella con la tranquilidad y la paz que solo puede tener quien dentro de sí lleva a la Palabra, te mira con dulzura y agradecimiento calmando tu ansiedad al instante. Sales de la gruta en busca de agua, haciendo todo lo posible por no demorarte para no dejarla mucho tiempo sola, sin embargo, al regresar ves una luz incandescente que proviene de una estrella y que ilumina toda la gruta, te apresuras y al entrar divisas a lo lejos a María con el pequeñito Jesús en sus brazos. Caes de rodillas con

115

lágrimas en los ojos y lloras como un niño al ver la Palabra hecha carne que te mira y te sonríe. Maravillado ante el Rey pequeñito, recorres con tus manos su frágil cuerpecito y admiras el cielo frente a tus ojos; miras a la madre y descubres en ella tanta paz que por un momento tu alma ya no está en tu cuerpo, ves el amor en toda su expresión, pareciera como si el tiempo se hubiera detenido, el canto de los ángeles que dice: "gloria a Dios en el cielo y en la tierra paz a los hombres de buena voluntad" mece tus sentidos y te lleva a postrarte ante el Verbo Eterno y a besar sus pies pequeñitos de porcelana. Toda la creación canta y alaba al Señor porque ha nacido el sueño de Dios, Aquél maravilloso regalo que El Padre puso en tus manos, José, para que fueras tú quien protegiera al Dueño del universo hecho niño.

MADRE MIA, DIOS TE ELEVA AL CIELO

Buenos días Jesús, hoy quiero escribir acerca de la asunción de la virgen María al cielo. Quiero representar con mis limitadas palabras como imagino los últimos días de la madre celestial en la tierra.

Pasaban los años, fueron muchos días y muchas noches, miles de horas y momentos en que tú santa María pasaste sin volver a ver a tu hijo. Recuerdas con tanta alegría aquella mañana cuando escuchaste su voz por última vez en la tierra, mientras entres nubes pasajeras, se elevaba al cielo. En tu corazón de madre vivía aquel anhelo de estar siempre junto a Él, y aunque lo que más deseabas era que te llevara consigo, sabías una vez más que debías seguir fiel a tu palabra como esclava del Señor.

Después de aquel tibio día de verano permaneciste bajo el cuidado del discípulo amado quien cuidó de ti con tanto amor y veneración, consciente que tenía en su casa al primer sagrario viviente, a la madre del Salvador. Tus días en aquella

117

casa iban y venían entre las labores del hogar, las enseñanzas a los niños que iban a ti deseosos de aprender a orar como tú, pero lo que más disfrutabas eran los momentos en que bajo el ocaso y el cielo multicolor, los apóstoles se reunían en torno a ti para que les contaras acerca de tu amado hijo. Tu rostro se iluminaba y de tus labios las palabras brotaban con tanto amor que muchas veces era inevitable que lágrimas de alegría se deslizaran por tu rostro.

Les contaste, por ejemplo, el día en que después de buscar por muchas horas, tu corazón se estremeció de dolor al pensar que habías perdido a Jesús, y que cuando finalmente lo encontraste en medio de los doctores de la ley, hablando con tanta propiedad, quisiste correr a abrazarlo y esconderlo bajo tu manto para que nunca más se alejara de ti. Sin embargo, ante la respuesta breve y madura en la boca de un niño de doce años, comprendiste con dolor que no te pertenecía y que no podrías tenerlo siempre junto a ti. Ese día al llegar a casa y ver al pequeño Jesús nuevamente contigo, viste en Él al hombre que iba a ser, y que tarde o temprano no iba a ser tu mano quien lo llevara, sino la mano de Aquél a quien prometiste ser su esclava para siempre.

Esa noche quisiste velar su sueño, a la luz tenue de una vela recorriste su rostro infantil, reconociendo en Él al bebé indefenso que sólo se calmaba cuando lo tomabas en tus brazos. En tu corazón de madre anhelabas aquellos momentos en que sólo tú eras su mundo, en que dependía completamente de ti para vivir, de tus cuidados, de tus abrazos. Con lágrimas en los ojos reconociste que Jesús ya no era más tu pequeñito y que El Señor lo estaba formando para la gran misión para la cual había venido al mundo. Tus lágrimas, María, eran lágrimas de nostalgia de aquellos tiempos en que bastaba una palabra tuya para que Jesús sonriera, pero ahora serían sus palabras las que serían motivo de tu sonrisa, aun cuando muchas veces no las comprendieras; ya no era más tu pequeñito, sino que era el amor del Padre hecho niño, que muy pronto llegaría a convertirse en ese hombre fuerte y bondadoso que devolvería tus cuidados con su abrazo y que ésta vez no serían tus palabras, María, sino las suyas, las que darían consuelo y alegría a tu corazón.

Recordaste también junto a los apóstoles, el día en que le pediste a Jesús ayuda para aquella pareja de recién casados en Caná. Siempre te llenaba de alegría celebrar el amor de un nuevo hogar para El Señor. Tu vida María, siempre fue una ofrenda de amor para quienes encontrabas en tu camino y ésta tampoco fue la excepción e instaste a Jesùs a que les ayudara. Tú como toda madre que guía a sus hijos y que los impulsa a dar siempre el primer paso, no te detuviste ante la respuesta de Jesús. No dudaste ni un solo momento y tu resolución maternal logró que aquella pareja de novios pudieran seguir celebrando su amor. Con una sonrisa en tu rostro les cuentas la manera como Jesús te miró ante tu sorpresiva petición. Él, el Rey de reyes quien es la humildad misma, no pudo resistir aquella mirada maternal y con una sonrisa hizo lo que su mamá le pedía. Desde ese momento, amada madre, supiste que Jesús había iniciado su misión y que no estaría ya tanto tiempo a tu lado, pues dentro de tu corazón sabías que ese hijo ya no era solo tuyo, sino que El Padre lo había entregado a la humanidad entera.

Como no recordar también, santa madre, cuando en el templo temiste que perderías a Jesús en manos de aquellos que nunca comprendieron su dignidad de hijo de Dios.

Maravillada ante la autoridad como tu hijo se reveló por medio de la lectura del profeta Isaías, no imaginaste la reacción y la conmoción del pueblo al escuchar sus palabras. Saliste del templo tras de Jesús y de la muchedumbre que intentaba acabar con su vida, pues en la dureza de su corazón, les costaba creer que el hijo de un carpintero se proclamara a sí mismo como el Mesías. Con el corazón en la mano rogabas al Padre que protegiera a tu hijo, horas más tarde al verlo llegar a casa, lo cubriste con tus brazos en un intento por no dejarlo ir nunca, porque siempre estuviera a tu lado.

Fueron tantos tus dolores, María, sin embargo, no piensas en ti, sino en los apóstoles que Jesús dejó a tu cuidado y por ello no te guardas nada, deseas abrir tu corazón para que por medio de tus palabras, conozcan al Rey desde el corazón de su madre. Quizás lo que te causó más dolor después de la pasión y muerte de Jesús, fue el momento en que se materializó tu más profundo temor en los labios de tu hijo. Tu corazón lo presentía y sin embargo intentabas no pensar en ello, creyendo que si no lo pensabas, quizás nunca sucedería. Pasó en tu casa, cuando los apóstoles reunidos en torno a Jesús escuchaban atentos sus palabras. Tú estabas encendiendo una lámpara mientras Jesús les explicaba a sus discípulos señalando lo que hacías, que ellos eran la luz del mundo y que una luz no se encendía para esconderla sino para que alumbrara a todos; les explicaba que siempre iba a estar con ellos pero que no siempre lo iban a tener, que lo matarían y que resucitaría al tercer día, al escuchar estas palabras, María, tu ser se quebró, así como la lámpara que sostenían tus manos, entonces lo miraste con lágrimas en tus ojos y comprendiste aquellas palabras del sabio Simeón treinta y tres años atrás cuando en tus brazos llevabas al pequeñito Jesús para presentarlo en el templo. Aquél día, tu corazón no comprendió esas palabras y las guardaste dentro de ti en silencio, ese silencio que se rompería con gran estruendo cuando frente a tus ojos mataron a tu hijo.

En tus últimos años en la tierra, madre, solo un pensamiento rondaba tu cabeza noche y día: volver a ver el rostro de Jesús y escuchar su voz. Tu alma se iba preparando poco a poco para este momento tan anhelado, toda tú María eras oración constante a tu hijo; tus manos siempre fueron ofrenda para quienes te conocieron y cuidaron de ti cuando parecía que te quedabas sola, pero tú nunca te sentiste sola, porque tu corazón y el de Jesús latían al unísono desde que se hizo niño en tu vientre; esos nueve meses en que dentro de ti estuvo el Salvador, tu alma se había llenado toda de Él, y a pesar que eras tú quien lo tenía a Él, ya no eras tú, sino era Él quien hizo de ti su sagrario viviente, su hogar, su todo, fue Él quien te eligió para ser esa mujer que cuidaría de su fragilidad de niño y que le daría sus características físicas, su carácter, su personalidad, todo su amor.

Allí estás María, bajo el cielo en secreta complicidad con tu Señor, las estrellas han acudido alegres al sonido de tu dulce voz, el viento ha querido una vez más, como lo hizo hace muchos años, ser testigo mudo de este momento y correr entre tus cabellos. A lo lejos escuchas el repicar de las campanas del cielo y un gran coro de ángeles empieza a llenar el silencio de la noche con su rumor de alas y cantos celestiales. Todo a tu alrededor es paz, tranquilidad, tus manos extendidas revelan el paso del tiempo en el que no has cesado ni un solo instante en cumplir tu palabra de ser la esclava del Señor. Tus ojos se elevan al cielo y sonríes porque sabes que por fin ha llegado ese momento tan esperado de volver a ver a Jesús. Ante tu mirada se revela toda tu vida dando paso a la memoria para que te lleve a todos los momentos de tu existencia, desde los más alegres hasta los más tristes, y entonces El Señor te recuerda que tu vida no ha sido nada más que una ofrenda de amor y adoración para Él desde el momento de tu concepción sin pecado original, hasta el día de hoy en que ha decidido cumplir tu más grande anhelo. Ya no estás sola con el viento y las estrellas, las multitudes de ángeles empiezan a rodearte, el sonar de las campanas del cielo se hace más fuerte y entonces, María, lo ves a Él, a tu hijo, coronado de gloria que con esa inconfundible sonrisa que también es la tuya, viene hacia ti con sus brazos extendidos y tú corres presurosa a corresponder su abrazo. Madre mía Dios te eleva al cielo y me parece que te ves más bella, más hermosa que nunca porque en tus ojos puedo ver al Señor, desde aquí en mi miseria y de rodillas te pido madre mía que no te olvides de esta hija pecadora y de esta humanidad sufriente que a gritos implora misericordia. Una vez más miro tu rostro y en tu sonrisa me confirmas que siempre estás con nosotros, en nuestro dolor, en nuestra alegría, siempre estarás con tus manos maternales abiertas al clamor de tus hijos, porque nunca olvidas la promesa que le hiciste a Jesús cuando en medio de su dolor y cuando ya nos había dado todo de Sí, no se quedó con nada y quiso regalarnos su más bello tesoro: su santa madre.

CON EL ALMA ENFERMA

Intentaré hoy Señor, describir mi experiencia cuando me acerco al sacramento de la confesión, así como Tú me lo has pedido.

Te escucho hija, fueron las palabras que me animaban a iniciar mi confesión y yo, aunque tenía en mente lo que iba a decir, me costaba mucho expresarlo sobre todo porque no veía el rostro que me hablaba a través de la ventanita oscura. "Tengo que hacerlo", me decía a mí misma, "a eso he venido" sin embargo, siempre fue para mi algo demasiado complicado tener que hablar de aquello con lo que había ensuciado mi alma y que me presionaba el pecho como cuando no puedes respirar.

Ahora cuando rememoro aquellos días en que la confesión era para mí un requisito más que debía cumplir si quería comulgar, con dolor repaso todos esos momentos en que la gracia que El Señor me regalaba pasaba por mí como una ráfaga de viento que apenas lograba sacudir una mínima parte de mi conciencia, que en instantes volvía a quedar como antes, como siempre: indiferente y adormecida. Hoy cuando pienso en todas esas veces en que el enemigo me tenía atrapada en el infierno y que se valía de miles de maneras para que mi alma siguiera siendo indiferente a la voz de mi conciencia, siento tanto dolor en el corazón al imaginar cuantas veces hice llorar a mi Señor. Es increíble el grado de ceguera en el que me encontraba, ahora comprendo que no bastan los ojos para ver cuando tu alma está manchada y cuando se ha acostumbrado tanto a esa suciedad, que simplemente caminas creyendo saber a dónde te diriges y sin embargo, no puedes verte de la manera como tu creador te ve a ti, la manera como Él ve tu alma, porque si pudieras verlo, la vergüenza y el dolor te impediría seguir caminando hacia el abismo a donde inevitable y conscientemente te diriges. Cuanto más lejos estamos del Señor más nos sentimos buenos, en cambio si lo buscamos con sincero corazón, si permitimos que se descubra nuestra alma ante Él, vamos comprendiendo poco a poco el grado de maldad que hay dentro de nosotros y nos encontramos culpables de muchas cosas que antes no creíamos que fueran pecado. Si quieres saber qué tan cerca estás de Dios, examina tu corazón y si ante cada situación en tu vida, te detienes a pensar qué haría Jesús en mi lugar y si sientes la necesidad de preguntarte si eso que has decidido hacer le agrada al Señor o no, creéme, estás cerca, muy cerca del Maestro, del Amor.

Yo comparo la ceguera espiritual con la vez que me operaron la vista. Recuerdo lo difícil que era apreciar las cosas a distancia y reconocer a las personas que de lejos me saludaban, debí pasar muchas veces por grosera y antipática al no corresponder el saludo, simplemente mis ojos que a simple vista parecían estar bien, no podían ver con claridad. El día en que me operaron, salí con los dos ojos cubiertos, pues debía protegerlos de factores externos que pudieran echar a perder la cirugía a la cual me había sometido. Esa noche el dolor me llenaba de lágrimas los ojos, cualquier movimiento por sencillo que fuera provocaba tal dolor como si tuviera miles de pedazos de vidrio dentro de ellos, pero era necesario para que sanaran. Al día siguiente cuando por fin quedaron descubiertos, me maravillé viendo todo aquello que no veía y que siempre había estado frente a mí, era como si descubriera todo por primera vez. El brillo de la lluvia, los colores de las flores, el verde de las montañas lejanas, todo me parecía tan hermoso, tan nuevo.

Toda esta experiencia la comparo con la ceguera espiritual en que mi alma estaba sumergida. El pecado hacía que mirara a Dios lejano y que no lo reconociera, así como no podía ver de lejos, El Señor me buscaba, me llamaba, pero yo no le veía, yo estaba aparentemente bien, así como mis ojos se veían sin embargo, mi alma estaba enferma, agonizante, me estaba muriendo por dentro aunque por fuera aparentara un buen estado de salud. A diferencia de las personas que creían que no las saludaba porque yo era antipática, mi Señor sabía que yo no le veía, no porque no quisiera no verlo, sino porque tenía el alma enferma y necesitaba ayuda, ayuda que ni siquiera yo sospechaba que necesitaba.

Hasta que llegó el día en que al igual que mis ojos, mi alma fue sometida también a una cirugía, el médico celestial sabía con precisión la causa por la cual mi alma estaba muriendo de a poco. Sin embargo, Él nunca me obligó, nunca me retó o perdió la paciencia conmigo todo lo contrario, tomó mi mano y me fue guiando a través de todas las heridas de mi alma enferma para que las reconociera y decidiera por mi propia cuenta, permitirle a Él que las sanara. En ese proceso hubo también mucho dolor, también tuve mi noche oscura donde llegué a pensar que Él me había abandonado, sin embargo, no era el momento de mirar atrás, debía seguir caminado, aun cuando en ese recorrido mis ojos, al igual que en el postoperatorio se llenaran de lágrimas. Debía proteger mi alma, así como cubrieron mis ojos después de la cirugía, pues aun se encontraba en recuperación, las heridas eran muy profundas y debía cuidarlas para que no volvieran a abrirse. Ante El Señor me postré y con las manos abiertas, el corazón desnudo y el alma convaleciente pasé mi noche oscura siempre con Él a mi lado, siempre con sus palabras en mi mente. Al día siguiente, mi alma ya no sangraba, las heridas abiertas habían sanado para siempre y mis ojos pudieron ver con claridad. Al igual que ese día, todo cuanto me rodeaba me parecía nuevo, diferente, mi alma tenía la certeza del camino que debía seguir, vi de lejos al Señor que me sonreía y me miraba con ternura y alegría al haber encontrado a su ovejita perdida.

Entonces salí del confesionario con el alma liviana como cuando soplas una flor de diente de león, y su fruto vuela y se eleva en el aire. Toda mi miseria y podredumbre había quedado allí, El Señor tomó esa carga que oprimía mi pecho y que no me dejaba respirar, que no me dejaba vivir. Él pagó con sangre aquella deuda tan grande que yo no podía pagar, Él tomó mis heridas y las hizo suyas para que yo, su pequeña y débil ovejita tuviera vida, para que a cambio de tanto, yo decidiera pagarle con amor a Él que es todo amor, para que mis ojos pudieran verle sin dudas y para que mi alma fuera arrebatada del abismo del infierno.

¿Por qué yo Señor?, ¿qué viste en esta pequeña y miserable hija para que tomaras todas mis iniquidades sobre tus santos hombros?, ¿por qué es que me amas tanto?

EL PRIMER VIACRUCIS NOS LO DIO MARIA

Buenos días mi buen Jesús, ayer te decía que no sabía qué escribir y te pedía que me dijeras acerca de qué Tú querías que yo escribiera, y obtuve la respuesta de inmediato, así que hoy escribiré acerca del primer viacrucis.

Aquél sábado de dolor, en que muchas iglesias de mi país salen en procesión con la virgen dolorosa y que miles de personas salen a caminar para acompañarla a ella, con velas en sus manos iluminando la oscuridad de la noche, tú, santa madre nos enseñabas a seguir los pasos de Jesús. Recuerdo con nostalgia esos sábados santos cuando en medio de cantos tristes emergía de la iglesia la imagen de la virgen de los dolores; me conmovía mucho ver ese rostro sufriente bañado en lágrimas, pero lo que más llamaba mi atención, era su corazón que aparecía atravesado con gruesas espadas. De niña me gustaba esta procesión porque me encantaba llevar velas y caminar en la noche, no entendía el verdadero sentido de esa triste noche, pero sí sabía que debía estar allí para acompañar la soledad de María. Ahora que estoy lejos de mi país y que he madurado en la fe, extraño mucho todas estas riquezas de nuestra iglesia católica y que quizás cuando estaba allí, nunca les di el valor que realmente tenían. Se le llama la procesión de la soledad porque en esa noche el corazón de María se debatía entre el dolor, la soledad y la expectativa ante la promesa de la resurrección. He sabido lo que a continuación intentaré escribir con mis limitadas palabras, por medio de las visiones de Ana Catalina Emmerich.

Era la noche del sábado, apenas había pasado un día desde la muerte de Jesús, sus apóstoles tristes y apesadumbrados permanecían escondidos por miedo a la furia de los judíos, las santas mujeres que habían acompañado al Señor al pie de la cruz permanecían en vela, orando. Veo a María de rodillas con el rostro triste, pálido pero sereno; todo el dolor sufrido había quedado guardado en su corazón como siempre lo había hecho con aquellas cosas que no comprendía. Nunca sus labios tuvieron palabras de reproche, nunca sus ojos miraron con rencor a aquellos que frente a ella y sin piedad alguna mataron a su hijo. Todas las palabras de odio y maledicencia que ella recibió por ser la madre de un condenado a muerte, entraron en su inmaculado corazón y en él se convirtieron en misericordia hacia aquellas almas malvadas.

Estás allí, María, el velo negro que cubre tus cabellos parece confundirse con la sombra de dolor que cubre tus ojos que ya no pueden llorar más. En tu corazón, resuenan los golpes de martillo junto con los gritos de dolor de tu amado hijo; nunca reconociste en los gritos lastimeros de Jesús, tu voz ahogada por el dolor, porque sólo lo veías y escuchabas a Él. A la luz de las velas que iluminan tu rostro, sabes dentro de ti que no puedes quedarte allí donde estás, aun falta una cosa por hacer, quieres acompañar a tu hijo, quieres con tus pasos recoger los de Jesús, quieres que queden grabados para siempre en tu memoria, así como cuando le enseñabas a caminar y corrías presurosa detrás suyo para levantarlo y besar sus rodillas cuando caía.

Sales de la casa en medio de la noche, el aire tibio aun, mueve tu manto con prisa, en tu caminar solo te acompañan la luna y las estrellas que tímidamente cubren el cielo, pero ¿Qué haces María? Veo que te detienes después de dar unos pasos y te arrodillas, allí pasas unos cuantos minutos con tus ojos cerrados. Luego postras tu rostro en la tierra y besas ese lugar, tomas tierra en tus manos y la miras con tanta veneración, que la luna intrigada por saber lo que haces, decide seguirte e iluminar con su luz tus manos; entonces descubro que ese puñado de tierra objeto de tu veneración, está manchado de sangre. Es la santa sangre de Jesús derramada en la tierra y que marca el camino que sus pies andaron, cuando entre golpes e insultos se dirigía al calvario. No puedes permitir que su sangre sea pisoteada y que se confunda con la tierra del camino, por ello la guardas para ti.

Minutos más tarde prosigues tu camino y unos metros más adelante te postras nuevamente y adoras la santa sangre derramada. Quisiera saber, madre santa, lo que pasa por tu mente cuando con los ojos cerrados te postras y besas esa sangre. Puedo imaginar en mi pequeñez y mi miseria que recuerdas cada golpe, cada injuria que Jesús recibió en ese lugar. No entiendo por qué lo haces María, ¿por qué revivir aquellos momentos de tanto dolor? ¿Por qué abrir una vez más las heridas de tu corazón? Continuas tus pasos en silencio, admiro la serenidad y calma que en tu rostro hace que ya no hayan más lágrimas. Enséñame, madre, cómo se confía sin entender, cómo se cree sin dudar, cómo se ama a quien te hiere, cómo se vive el dolor de la muerte de un hijo con el alma quebrada y el corazón en agonía pero de pie y con la mirada puesta en el cielo.

Estás de pie nuevamente, madre, y ya tus pasos te llevan al lugar donde te encontraste cara a cara con tu hijo; recuerdas el dolor tan grande que invadió tu alma y que por momentos intentó quebrar tu voluntad cuando no reconociste en aquél rostro desfigurado, el rostro que horas atrás habías besado y estrujado contra tu pecho, queriendo retenerlo para siempre para que Jesús llevara consigo tu corazón para que fuera tu corazón y no el suyo el que dejara de latir. Apenas viste en medio de tanta sangre, espinas y tierra, aquellos ojos misericordiosos en los que solías perderte cuando Él te miraba, ahora esos ojos se encontraron con los tuyos buscando consuelo y aun en medio de tanto dolor, quiso Jesús decirte con su mirada que te amaba infinitamente y que el dolor de verlo sufrir, pronto acabaría. Intentaste tomar su mano herida pero la maldad de los verdugos alejó tu mano de la suya y caíste con el rostro en la tierra, esa tierra que en este momento, madre, tomas en tus manos y que en ella adoras la preciosa sangre de tu hijo. Sigues paso a paso todos los lugares que los pies de Jesús pisaron sin importarte el aire de la noche que con furia intenta arrebatar el velo que cubre tu cabeza, estás sola en medio de la noche en adoración y sin saberlo le estás regalando a la humanidad entera el primer viacrucis.

Cierro los ojos y en silencio intento fundirme en el dolor

de la santa madre en esa noche de soledad. Quiero prestarle mis manos para que se confundan con la tierra que ha recibido la sangre del Redentor; mis labios para que sea mi boca quien bese su sangre; mis pies para que recorran el camino al calvario y queden clavados junto a los del Señor; mi corazón para que la santa madre con su dolor lo transforme y tome de él lo que necesite para sanar su corazón herido; mi alma para que le recuerde al Señor que si bien todo su dolor pudo haber sido en vano para muchas almas, no lo fue para la mía.

A lo lejos se escuchan los ruidos mañaneros, las aves empiezan a revolotear alegres en las ramas de los árboles, y el sol empieza a pintar de a poco el firmamento, la mañana ha llegado, María, y te encuentra de rodillas en oración. Has velado la noche entera y tu corazón ya se prepara para ver la promesa hecha realidad, no es un sueño, María, muy pronto volverás a ver la sonrisa de tu hijo.

EL ÁNGEL DE LA GUARDA.

Mi Jesús, hoy escribiré acerca del ángel de la guarda y su presencia en mi vida. Hoy escuché algo muy lindo que decía el padre Pio de cómo su ángel guardián era su fiel compañero y la manera cómo le ayudaba a entender las confesiones de los feligreses que no hablaban su idioma. También contaron la historia de cuando su ángel le ofreció café, pagó su boleto de bus y le acompañó en el trayecto a Pietrelcina. Él solía decir que cuando no podemos estar con alguien y querramos decirles algo, podemos enviarle nuestro ángel de la guarda y mandarle mensajes a través de ellos.

Desde niña siempre me enseñaron a orarle a mi ángel guardián, la memoria me lleva muchos años atrás, me parece ver en la cama a la luz de una lámpara a una niña de cuatro o tres años repitiendo tras su mamá: "ángel de mi guarda mi dulce compañía, no me desampares ni de noche ni de día, hasta que me pongas en paz y alegría con todos los santos

133

Jesús, José y María." No puedo evitar rememorar o quizás imaginar esa escena sin que la nostalgia de esos años llegue a mi corazón y descubra ante mis ojos la niña delgada, de rizos inquietos y voluntariosa de carácter que siempre fui. Ese carácter que sólo se apaciguaba con baños de agua fría y que ponía en aprietos a mi mamá y a mis hermanas, me abandonaría años más tarde, dando paso a una mujer tranquila y silenciosa.

Al escuchar la historia del padre Pío, me viene a la mente todas las personas que amo y que están lejos de mí; todos esos momentos en que he deseado abrazarlas, sentir su perfume, hablarles al oído y que la distancia no me lo permite. Además de cuidarnos, nuestro ángel guardián también actúa como ese puente que es capaz de conectar las almas de quienes están separadas físicamente pero que de manera especial y por el amor de Dios en nosotros, viven en el corazón pase lo que pase.

Desde que somos llamados a la vida en el vientre de nuestras madres, El Señor nos regala un ángel guardián encargado de cuidarnos y de ayudarnos a hacer la voluntad del Señor, sin embargo, muchas veces somos sordos a sus palabras y no solo entristecemos a nuestro ángel, sino también al Señor que nos lo ha regalado. Este ángel es quien lleva nuestras ofrendas en la Eucaristía, según las visiones de la mística Catalina Rivas; desde que leí esto, me encanta imaginar los ángeles de todas las personas que asisten a la Eucaristía en el momento del ofertorio. Hay tantas personas tan fieles, tan devotas que sus ángeles deben volar con sus manos llenas de sus sacrificios, desvelos, oraciones, ayunos y obras. El cielo se abre para que todos estos seres alados lleven al Padre todas estas ofrendas de amor. Pienso también con vergüenza las veces en que mi ángel no tenía nada que llevar y se mantenía de pie junto a mí triste y cabizbajo porque su protegida no llevaba nada más que egoísmo y soberbia a la presencia del Señor.

Así mismo, nuestro ángel es el encargado de llevarnos a la presencia del Padre una vez que nuestra vida en el mundo ha llegado a su fin. Ante el juicio del Señor habrá cuatro: el acusado que calla, el ángel que nos presenta, el acusador que reclama y el Justo Juez y si hemos entregado nuestra vida a la santa madre, ella también estará en ese momento para cumplir su promesa y abogar por nuestra alma. Qué felices deben ser los ángeles de aquellos que han amado y cuyo libro de la vida está lleno de obras de amor, pues en el momento del juicio el acusador no tendrá más alternativa que huir con las manos vacías.

Puedo decir que mi ángel ha cumplido muy bien su tarea conmigo, pues me ha cuidado de muchos peligros, creo que, si fuéramos conscientes de todas las veces en que nuestros ángeles nos han protegido, los invocaríamos más y estaríamos más dispuestos a escuchar su voz. Recuerdo la vez en que mi ángel me sostuvo, nunca he sentido tanto su presencia como ese día. Iba en el bus a la universidad y al anunciar la parada, en una vía muy transitada, el bus simplemente se detuvo sin percatarse que no era un lugar para dejar pasajeros y que estaba prácticamente en la mitad de la autopista; al abrirse la puerta, me iba a bajar, dentro de mi campo visual no vi ningún carro cercano y por lo tanto me disponía a bajarme; en ese momento sentí una fuerza que me empujó hacia atrás y que casi me hace caer, era como si alguien me hubiera tomado por los brazos y hubiera evitado que me bajara, en ese momento, pasaba una moto a toda velocidad, si me hubiera bajado, me habría arrollado y no estaría escribiendo esta historia. Una vez fui consciente de lo que en realidad sucedió, miré a mi alrededor y al descubrir que no había nadie cerca que hubiera podido sujetarme, miré a mi lado en silencio y con el corazón a punto de salirse de mi pecho, di las gracias, mi ángel de la guarda me había sostenido en sus brazos.

ORAR POR LAS ALMAS DEL PURGATORIO

Sábes, Señor que a veces cuando paso por lugares históricos y veo esculturas dedicadas a personajes importantes, me detengo a leer su nombre y la razón por la cual se le ha dedicado ese monumento y en lo único que puedo pensar es en dónde estará esa alma. Me pregunto si en el lugar donde están, les es útil esa escultura en su honor; es triste pensar que muchas personas piensan que cuando alguien muere, la mejor manera de honrar su memoria es una placa, una escultura, o planear eventos deportivos o fiestas, porque esas eran las cosas que a estas personas les gustaban. La verdad, el amor que tengo por las almas del purgatorio nació en mí hace poco tiempo. Siempre había escuchado que si por alguna razón se olvida orar por ellas, estas almas llegan a reclamarte y no te dejan en paz, ¡qué gran mentira! En mi ignorancia, llegué a creer en eso, y evité orar por ellas sin recordar que es una obra espiritual de misericordia que todo aquél que se dice cristiano, debe practicar. Desde siempre he tenido un gusto especial por los cementerios, siempre me ha gustado leer los nombres en las lápidas, la fecha de nacimiento, todo, especialmente me llama la atención saber la edad en que murieron y me siento cerca a esas almas, porque esa es una manera de ponerles un rostro y de conocer sus historias.

Reflexiono mucho cuando voy a estos lugares, me gusta sentarme y quedarme un rato en ese silencio, imaginando que ellas me miran desde el lugar donde se encuentran y no me da miedo, pues he aprendido que si El Señor les permite revelarse, lo único que harán será pedirnos oraciones, nada más. Me gusta mirar las diferentes maneras en que sus familiares han decorado las tumbas o las cosas que escriben en las lápidas.

Eso me dice mucho de la personalidad que en vida tuvieron, sus gustos, sus sueños, sus anhelos. Se me encoge el corazón muchas veces cuando me encuentro con bebés, niños o jóvenes, siempre creemos que los que mueren son los viejos, aquellos que ya han gastado su vida y que simplemente ya han aprendido lo que debían aprender, sin embargo, nos cuesta tanto aceptar la partida de personas que apenas habían empezado a vivir, y creemos que Dios es injusto por llevárselos apenas en el amanecer de su existencia.

Nunca entenderemos la razón por la cual algunos seres llegan a la tierra y sus vidas pasan tan rápido, así como una estrella fugaz o un arco iris. Todos tenemos una misión y no volveremos al Padre hasta que la hayamos cumplido a cabalidad, pero qué difícil es saber a veces, lo que debemos hacer, la razón por la cual nos fue dado el regalo de la vida.

Desde que empecé a orar por estas almas, mi perspectiva de la muerte y la vida ha cambiado mucho, El Señor ha puesto en mi corazón el deseo de conocer más sobre ellas, de investigar acerca de la manera en que con mis acciones puedo ayudarlas a llegar al Padre lo más pronto posible.

El purgatorio es fuego de purificación creado por el amor de Dios y así usted, mi querido lector, crea en él o no quiera creerlo, existe, y la gran mayoría de nosotros, si morimos en gracia de Dios, pasaremos por este lugar.

El padre Carlos Cancelado, sacerdote colombiano, hace una representación muy precisa acerca de lo que significa este fuego purificador de amor. Este santo sacerdote dice que cuando nuestra vida terrenal termine, nuestra vida en la eternidad será algo así como un banquete de bodas.

El cielo es el lugar donde se lleva a cabo el gran banquete y todo está dispuesto, las mesas, las sillas, la cena; el Rey que nos invita, nos espera para que tomemos nuestro lugar en la mesa, dicho lugar dependerá del amor que llevemos en nuestras manos.

Dice el padre Cancelado que para entrar a este banquete, todos debemos estar bien presentados, si por alguna razón nuestro vestido de gala está sucio, manchado o maloliente, no vamos a querer presentarnos de esta manera, por lo tanto tendremos que limpiar nuestro traje, pues nada manchado puede entrar, nada sucio puede ver al Rey. Y no es que el alma quiera presentarse con su traje sucio, pues una vez que nos veamos como El Señor nos ve, desearemos desesperadamente limpiarnos, ya no habrá excusas, mentiras pequeñas, argumentos en nuestra defensa, nada, el alma se ve a sí misma y se descubre indigna de ver al Rey.

En el purgatorio el fuego intenso es diferente al fuego eterno del infierno, pues en él se tiene la esperanza que algún día terminará y que una vez el traje esté limpio, podremos entrar al banquete, este fuego purifica, limpia, mientras que el fuego del infierno consume, destruye, es eterno y se está privado de toda esperanza, de que algún día terminará. Orar por estas almas purgantes, me he enseñado que es una obra de amor muy grande ya que ellas no pueden orar por ellas mismas, además, se está pidiendo al Señor por nuestros parientes y también por aquellas almas que ni siquiera conocimos.

En lo que he averiguado, podemos ofrecer por ellas cualquier cosa que nos represente un sacrificio, algo tan sencillo como comer algo que no nos gusta sin quejarnos, abstenernos de una comida deliciosa o de una actividad placentera, todo esto tiene el poder de aliviar su sufrimiento y de acortar el tiempo en que deben estar allí.

Suena la alarma una hora antes de la hora en que debería levantarme, el enemigo me dice al oído que no me levante, que aún tengo una hora más para dormir, sin embargo, dentro de mí el compromiso de amor que tengo para con las almas del purgatorio, me lo reclama, me exige que debo levantarme y entonces me dirijo en medio de la oscuridad del amanecer a mi rinconcito secreto, como lo llama el padre John Montoya.

Ese rinconcito consta de un sencillo altar en el cual la biblia descansa al lado de la imagen de la virgen de la paz, la virgen de Chiquinquirá, patrona de mi país, la divina misericordia, la sagrada familia, Cristo crucificado y san Francisco de Asís. La luz de las velas y el calor que de ellas emana me recuerda sutilmente el fuego en el que estas almas se encuentran y por un instante imagino su dolor, su sed de Dios y entonces me entrego a la oración.

Me gusta imaginar que, con cada Ave María, nuestra Señora visita el purgatorio y derrama sobre ellas rocío fresco que alivia un poco su sufrimiento y les recuerda la anhelada esperanza de algún día llegar al cielo.

En mi humilde rinconcito secreto hay una cajita que se va llenando de peticiones e intenciones de oración. Aprendí que san Juan Pablo II solía tener en una canastita todas las intenciones ofrecidas a través del santo rosario, para así asegurarse de no olvidar ninguna petición, pues mi cajita va llenándose día a día con todas las intenciones de conocidos y de aquellos que no conozco pero que nos une un lazo muy fuerte de amor en El Señor.

Yo no soy nadie para que por medio de mi humilde oración estas miles de personas reciban la gracia que tanto necesitan y sin embargo, sé que no hay nada que agrade más al Señor que oremos por nuestros hermanos, por esto, así no conozca a la mayoría de personas que claman una oración, sé que en su infinita misericordia, El Señor se conmueve y mira con piedad a aquellos por quienes oramos desinteresadamente. Recuerdo el día en que mi abuela materna murió, siempre he recordado con cariño la manera como se despidió de mí.

De ella conservo una imagen muy antigua de una virgencita de ojos azules que guardo con mucho cariño en mi mesita de noche, me basta mirar esa imagen para recordarla y pensar en nuestro reencuentro en la eternidad del Padre.

Esa es la esperanza que nos lleva a los cristianos a saber que nuestros seres queridos fallecidos simplemente llegaron a la patria celestial antes que nosotros, y que volveremos a verlos cuando sea nuestro momento de ir al Padre. No mueren para siempre, pues en el corazón queda aquél recuerdo que se materializará cuando los abracemos nuevamente.

Mi abuela materna murió una noche en que yo me hallaba lejos de casa y no supe de su fallecimiento solamente hasta el siguiente día. Conservo en mi memoria el recuerdo de lo que sucedió mientras yo dormía.

Las noches en Bucaramanga a veces son bastante cálidas, por lo tanto, me dormí sin cubrirme y una de mis manos quedó abierta sobre la almohada, en medio de la noche sentí como alguien tomaba esa mano abierta y la sostenía ligeramente como cuando tomas la mano de alguien con ternura, me desperté inmediatamente y de manera automática encendí la luz para descubrir a la persona que había sostenido mi mano entre las suyas, no había nadie, estaba completamente sola.

Me toqué la mano queriendo de cierta manera descifrar lo que me acababa de ocurrir, pero no supe descubrir lo que me había sucedido. Al día siguiente me enteré de que mi abuela materna había muerto más o menos a la hora en que sostuvieron mi mano, ya no me quedó duda, ella había ido a despedirse de mí. Sostuvo mi mano con ternura diciendo sin palabras que me esperaba en la casa del Padre para darme ese abrazo que no pude darle cuando en medio de su dolor y agonía su alma fue llevada a la eternidad.

APRENDIENDO A AMAR SIN PALABRAS

Mi Jesús, hoy quiero hablarte acerca de esa pasión tan grande que me has dado en el amor que has puesto en mí hacia los animales. Cada día que pasa me convenzo más de que Tú nos los regalaste porque en tu infinita misericordia hacia nosotros quisiste amarnos a través de su silencio, querías que comprendiéramos que se puede amar sin palabras y que se puede ser feliz sin tener nada. Admiro mucho a San Francisco de Asís y a San Martín de Porres por el especial amor que tuvieron por tus criaturitas más pequeñas e indefensas, ellos me han enseñado que para amarte a Ti, debemos amarte en toda tu creación, pues la naturaleza y los animalitos son quienes antes de la salida del sol y del ocaso, te dan gloria con todo su ser, basta con admirar el canto de las aves, el sonido del viento, el correr de los ríos, el color de las flores para verte y sentirte en todos ellos. Todos los angelitos peludos de cuatro patas que me has confiado me han regalado muchas lecciones de vida y han llenado mi corazón con millones de maravillosos recuerdos que tienen el poder de hacerme sonreír aun cuando sólo quiera llorar. Tú sabías, Señor que tenía tristeza y por ello quisiste regalarme esa hermosa pasión por los animales, especialmente por los perritos.

Imagino que me mirabas todos los días y que, en tu plan perfecto para esta pequeña hija tuya, sabías que en mi camino de conversión iba a necesitar que mi corazón se abriera a la sensibilidad, así que empezaste a sembrar en mí poco a poco el interés por aquellas criaturitas. Para que pudiera dejarte vivir en mí, primero mi corazón debía despojarse de todo aquello que lo mantenía cerrado e incapaz de mirar la esencia de lo que en realidad significa vivir.

Con cada perrito mi corazón se iba despojando de su indiferencia, algo así como cuando pelas una cebolla, con cada capa que le quitas vas descubriendo que esa cáscara opaca y seca no es más que un mecanismo de defensa creado para impedir que el exterior tenga acceso al corazón de la cebolla y lo altere.

Pues en mi caso, mi corazón tenía una cáscara de tristeza, soledad y amargura que en un intento absurdo por evitar ser descubierto, se aferraba cada vez con más fuerza. Bastaron unos ojitos traviesos y unos cuantos ladridos para que de un momento a otro ese corazón curtido por el hastío bajara la guardia.

Entonces ya no fue uno ni dos ni tres ni cuatro sino nueve angelitos peludos a quienes les encargaste la misión de abrir mi corazón para descubrirte y amarte, Señor. Fueron momentos de mucha alegría, pero también de muchas lágrimas al comprobar la crueldad humana con los más indefensos.

Nunca olvidaré aquellos ojitos que me miraban más allá del dolor ni tampoco su agradecimiento infinito hacia aquella persona que no pudo ignorar esa mirada y pasar de

143

largo. Todos esos momentos marcaron mi vida pues se recibe más cuando se da a quien no te lo puede pagar de vuelta; la felicidad que llena el alma cuando haces algo por aliviar el sufrimiento y salvar una vida no se compra ni con todo el dinero del mundo, pues esa felicidad viene del cielo, viene del Señor quien habita en todas sus criaturas, desde la más grande hasta la más pequeña.

Así fue Señor como empezaste de a poco a meterte en mi corazón, te valiste de estos pequeños peluditos para enseñarme a perdonar todo y siempre sin importar cuán grande la ofensa es; me enseñaste que para vivir la vida con plenitud basta tener aire en los pulmones y un corazón agradecido; me enseñaste a ser fiel en todo momento aun cuando las personas me fallen; me enseñaste que muchas veces basta despojarse del miedo al ridículo y a reírse de la vida aun cuando no tenga motivos; me enseñaste que debo aceptar con alegría el paso del tiempo y recibir todo como el más maravilloso regalo; me enseñaste que toda situación en la vida por más mala que parezca es una oportunidad para ser feliz; me enseñaste que el frío del invierno te invita a buscar calor en los que amas y que en el calor del verano se puede permanecer más tiempo bajo las estrellas.

No solo me enseñaste a mí todo esto, sino que también ese amor que pusiste en mi corazón hacia los animalitos, tuvo el poder de tocar otros corazones cercanos y gracias a esto, ahora hay más animalitos rescatados, que al igual que lo hicieron conmigo, trabajan día a día para que los corazones de estas personas se abran también a Ti.

Esta es la gran misión que les has encomendado a estos peluditos y una vez cumplida, regresan al amor del Padre.

ROSAS PARA MARIA

Buenos días mi Jesús, hoy con estas páginas que escribiré acerca del santo Rosario, doy por terminado este libro. Aquí ante tu Santa Presencia invoco al espíritu santo para que me inspire a escribir sólo aquello que Tú quieras.

Enciendo las velitas del altar y su luz ilumina las imágenes de los santos frente a ellas, la oscuridad huye ante la humilde luz de tan pequeñas velitas. Levanto la mirada y el dulce rostro de María que me mira entre triste y alegre, me invita a contemplar la vida de su amado hijo a través de sus ojos; como fruto de esa contemplación, tendré un manojo de rosas que se elevarán al cielo con cada Ave María. De rodillas ante ella, el alma se prepara para entrar en la presencia del Señor, en su eterno presente. Al cerrar los ojos e invocar al santo espíritu, la mente, el corazón, el alma, el ser completo inicia un viaje que nos llevará desde el momento de la anunciación hasta la gloriosa resurrección de Jesús.

145

Los labios inician la oración vocal, cada Ave María es una rosa que del alma se eleva al cielo y llega a las manos de María, ella toma esta rosa y con ella va formando un hermoso ramo que al completarse será esparcido a las almas por las cuales se ha ofrecido el santo rosario. Al mismo tiempo, los ojos del alma al compás con los labios contemplan la escena del misterio que se está meditando.

Para quienes consideran esta maravillosa devoción como una repetición aburrida y vacía, es porque nunca han visto con los ojos del alma, la sonrisa de María, es porque no han permitido que su corazón se abandone y camine de la mano de la dulce madre que lo único que desea es que hagamos lo que Jesús nos dice. Sentir cada palabra y decirla despacio consciente que es la dulce madre del Salvador a quien nos dirigimos con las mismas palabras con las que el mismo Señor quiso saludarla a través de su mensajero el día de la anunciación; permitir que con cada palabra el alma vea y sienta lo que Jesús y la madre experimentaron en la alegría pero también en el dolor; amar a la madre y darle honor por su fe y amor con que su Sí nos regaló al Salvador del mundo; amarla a ella porque El Señor la amó y la honró primero y porque Jesús en su humildad se sometió a su cuidado, todo un Dios, quiso que María le diera todo de ella y lo cuidara en su fragilidad humana; llenarla de rosas porque fue ella quien le enseñó a caminar, a hablar, a orar, porque su vientre fue el lugar santo donde el Redentor tomó todo de la humanidad de esta humilde y hermosa jovencita; reconocer su dignidad porque ella nunca tuvo una palabra de orgullo en sus labios que la exaltara, todo lo contrario, desde el primer momento hasta el último de su existencia en el mundo, siempre se reconoció como la esclava del Señor y siempre todos sus actos daban adoración al único merecedor de ella.

No podía ser posible que Aquél libre de toda mancha hubiera decidido encarnarse en el vientre de una mujer cualquiera. No podía El Santo de los santos haber recibido sangre y carne de una criatura manchada de pecado simplemente por el hecho que El Señor y el pecado son incompatibles, se repelen, así como el agua no puede fundirse con el aceite y ser una sola sustancia. Solo un vientre virginal y libre de pecado pudo contener a Aquél a quien los cielos no pueden contener, solamente un alma humilde e inocente habría podido decir sí aun cuando no entendiera la magnitud de lo que se le pedía, pues su confianza, su vida, su alma existían solo para Él.

Nosotros, humanos pecadores, amamos tanto a nuestra madre terrenal y le brindamos lo poco bueno que podemos en nuestra pequeñez, ofrecerles. Agradecemos sus desvelos y cuidados cuando dependíamos totalmente de ellas para vivir. Nos enorgullecemos al decir que todo lo que somos se lo debemos a ellas, a su gran amor por nosotros. Nuestra madre terrenal es quizás ese ser al que amamos y defendemos contra viento y marea, no permitimos que nada ni nadie les haga daño, no consentimos que de ellas se burlen ni tampoco que se les digan palabras ofensivas, pues es nuestra madre por medio de la cual vinimos al mundo.

Yo me pregunto entonces, ¿qué pensará y qué sentirá Jesús cuando su santa madre es ultrajada?; ¿cuándo de ella se dicen los insultos más denigrantes?; cuando se le trata como una mujer cualquiera, igual que las demás. ¿Es que acaso una mujer como usted o como yo, querida lectora, habría sido digna de llevar dentro de su vientre al Redentor?

¿Acaso el mismo Dios, con todo su poder no podía haber creado a una mujer libre de toda mancha para que fuera su madre? ¿Acaso, El Señor no podría haber nacido de una virgen y que ella siga siendo pura? ¿quién es el ser humano para poner en duda el poder de Dios? ¿qué somos nosotros para poner en entredicho los deseos y designios de nuestro creador?

Ella, nuestra madre celestial sólo desea una cosa y no es nada para ella, pues toda ella vive para su amado hijo, todos sus actos son un acto de amor para Aquél quien se valió de su humildad para morar en ella. "Hagan lo que Él les diga", es lo único que nos pide, por eso por más que se ame a la madre nunca se podrá amar menos al hijo. Al final de nuestra vida, y es mi mayor anhelo, nuestra madre vendrá a nuestro encuentro para llevarnos a su hijo, y ante Él, será maravilloso que en tu corazón que es donde Él te mira, reconozca inmediatamente la multitud de rosas entregadas con amor a su santa madre, y entonces, una vez más aquella hermosa mujer lo mirará con amor desmedido y le pedirá misericordia para nosotros como lo hiciera con los recién casados en las bodas de Caná y Jesús quien no puede negar nada a su amada madre, nos sonreirá y acogerá en su corazón para siempre.

Manufactured by Amazon.ca
Bolton, ON

13052605R00095